財神，

這樣拜就對了

沈 泓◎著

序

古往今來，財神降臨是人們生活中的嚮往，所以財神在中國人心目中有一定的地位，人們認為倘若得到財神的保佑眷顧，便可財源廣進，日進斗金。

研究中國傳統文化中的財神信仰和財神年畫，可以發現一個有趣的現象，就是財神的泛神現象。中國有眾多的財神，幾乎所有大大小小的神都具有財神的功能，並可兼職擔任財神的職責。

透過財神現象，可以看到古人信仰的功利性和世俗性。因為財神可以帶來金錢、物質等財富，所以古人把所有的神都當成了財神。這就導致了古代民間財神信仰的一大特點：財神並非只是一個神，而是一群神。從個體看，他們是一個個象徵符號，這些象徵符號匯聚成了一個圈子，一個團體，或一個群體，形成一個來源不同之各種神的集合體。

作為群體化的財神，在共性中也有其個性，古代民間信仰將每一位財神都賦予了某種道德精神，或想像成某種能力的化身。如關公代表了「忠義」，范蠡代

財神（民國）

表了「智慧」，而趙公明和比干則代表了「公正」。

財神文化影響了古人生活的方方面面，因為財神在中國人的心目中，是一個生財聚財的神仙。人們為了實現發財的夢想，通常有兩種方法：一是靠勤勞致富，用智慧和血汗創造財富；二是求神保佑致富。

所以，財神信仰是社會經濟發展的產物，伴隨著剩餘產品的出現而生，因為剩餘產品導致了私有制，私有制的產生激發了人們追求財富和占有財富的慾望。人們將這種慾望典型化、形象化，最後神化而形成財神。

財神的發明深諳中國文化的性格，從財神發明之日起，就在人性上定了一個文化基準。這人性就是：人的慾望是永遠沒有滿足的。從人性積極的一面來看，是人人都有上進心，追求財富；但從人性陰暗的一面來看，則是人人都對占有財富貪得無厭。

財神的產生也是人們心理發展的產物。古人心理上認為，官場競爭要有文財神做後盾，商場競爭要以武財神做靠山，誰更虔誠，誰就能得到財神的福佑，誰家裡不貼財神年畫，誰就要受窮，這種心理正是財神信仰兩千多年來歷久不衰的原因。

生活中沒有平等，但財神卻帶來了另一種意義上的平等，就是家家戶戶貼的財神年畫都是一樣的。貼了財神年畫，就意味著能過上好日子，意味著金錢越來越多，意味著可以成為大富翁。

財神真的能給人們帶來財富嗎？有趣的是，古代民間藝人的生活是很艱苦的，畫財神的人都是窮人。這又是從另一個角度來對財神崇拜者給予反諷：瞧，給人間創造財神的人都沒有富裕起來，顯然財神不靈。正如算命先生能給別人算出大富大貴，自己卻流落街頭擺地攤。民俗的悖論往 往成為民俗存在的理由。

自古人們希望發財致富的願望，形成了財神文化。財神文化通過兩個方面表現出來，一方面是民俗表現，每年春節期間，財神民俗大行其道，放鞭炮接財神的習俗沿襲千年，構成了一幅幅人們祈求「一年好

運」、「招財進寶」、「大福大順」的畫面。民俗的趣味在於差異，春節期間請財神，每一天都有不同的說法，不同的日子有不同的儀式，不同的地方有不同的風俗。無論財神靈不靈，財神在民俗文化中是最可愛的神之一。

另一方面是財神年畫和各種民間藝術的形象表現。人們將財神供在廟裡，或將財神年畫請入家中，至今做生意的人，對財神爺仍是崇敬有加，在很多店舖，包括賓館酒樓，都供有「財神爺」塑像或畫像，以明燈蠟燭照耀著精緻的神龕，祈求財神的保佑。

通過財神年畫上的文字，可以看出財神承載著人們招財進寶、日進斗金的美好祈盼，寄託著人們合家富貴、人財兩旺的心願。

本書對各位財神的介紹篇幅有所選擇和取捨，並非以財神的重要性和流行度為側重標準。本書中篇幅較多的是文財神范蠡、偏財神沈萬三和五路財神等，而關公、趙公明是多重身份，他們是財神，同時也還是門神等，關於他們的內容較多，筆者在其他專著中有專門描述，為了避免重複，本書不作重點介紹。讀者如需要瞭解關公、趙公明等財神的更多信息和年畫，可參考筆者其他的專書。

沈泓

目錄

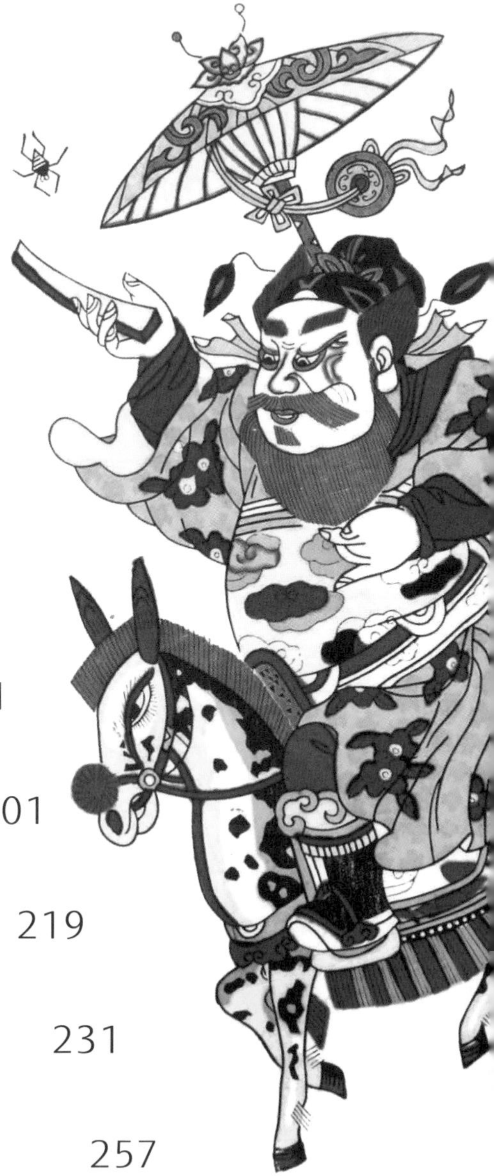

1

財神的
文化內涵

財神也被稱為「財神爺」，是帶來家財萬貫、生財聚財的神仙，也是中國民間信仰的產物。

　　儘管古代有視金錢如糞土的高人，但從人類的本性來看，人人都希望自己能富裕，以致興起了一種財富文化，這種文化的標誌之一就是請財神，將財神供在廟中，或將財神像請入家中，而這正是人們求財思想的體現，希冀財神保佑以求大吉大利，財源廣進。特別是那些做生意的人，對財神爺崇敬有加，奉之若祖，視之若神。

　　研究中國古代信仰中的諸神，可見到在民間多神信仰的社會中，人們最喜歡的還是財神，由於財神能賜人財帛，給人美好生活，遂成為人們心中最尊崇的神祇。

財神文化的源頭

　　財神文化源於何時，已不可考，自古以來，人們對財神的崇拜，實際上是對金錢財富的嚮往和追求。《史記‧貨殖列傳》說：「天下熙熙，皆為利來，天下攘攘，皆為利往。」民諺：「人為財死，鳥為食亡。」

　　財神的出現是人們心理發展的產物，也是社會發展的必然產物。官場競爭要有文財神做後盾，商場競爭要以武財神作靠山。誰的誠意更虔誠，誰就能得到財神的福佑。這就是近兩千年來財神信仰經久不衰的真諦。

　　財神的源頭在遠古，但財神真正形成完整概念和成熟形象，算是中國較晚出現的一個神。中國人長期處於農耕社會，對於財富的追求意識比較淡薄，所以長期以來的財神觀念並不明確，以致賦予財富的職司許多神靈，

財神（清）

甚至是一切神靈。

民間財神之說大約出現在宋代或宋以前，大約宋代或稍早的時候，在過年習俗中出現了請祿馬和財馬。馬，就是神馬、紙馬，即繪有某種神像的紙。中國古代重祿，因為得功名獲官職，就能有固定的俸祿，所以財富即在祿中，財祿同時出現在民俗中，說明了中國人對財的重視開始提升。因此，財馬，也就是財神的象徵。

宋代的送窮祈財儀式中有「相共送陶朱」的說法，此時「陶朱公」似乎已隱隱約約參與到民間的祈財活動中了。

為何財神是在宋以後興起，而不是在宋之前呢？這是因為宋代以來，特別是明清時期，商品經濟日益發展，江南部分地區的資本主義萌芽，近代意義上的市民階層也出現，於是新的生活方式與古老的傳統信仰出現了裂痕，財神便應時而出。

到了明代，財神的職司被固定在一個或者幾個神身上，分為文武財神，其中最著名的武財神就是趙公明和關公。

趙公明是民間公認的專職財神，也是較早的一位。早在殷商時代，他就是一位活躍的神仙。據《封神榜》所載，他原在峨眉山羅浮洞修道，雖助紂攻打武王，但死後仍被封為「金龍如意正一龍虎玄壇真君之神」，並統領「招寶天尊」、「納珍天尊」、「招財使者」、「利市仙官」四個部下，其職責都與財有關。

所以，道教供奉的財神，就成了趙公明。根據道教傳說，趙公明本為終南山人，自秦時就隱居深山，精修至道，功成之後，玉皇大帝封他為「正一玄壇元帥」，簡稱「趙玄壇」。舊時財神廟和各家

財神（清）

各戶所供的財神就是他，其尊容頗凶，烏面濃鬚，怒睜圓眼，頭戴鐵冠，一手執鋼鞭，一手捧元寶，身下還跨有黑虎，故又有「黑虎玄壇」之稱。

傳說這位趙公元帥職掌除瘟剪虐，驅病禳災。凡有冤抑難伸，他會主持公道；人們買賣求財，他可以使之獲利。他原先並不是專職的財神，但能使人獲利，別無他人可以代替，民間便把他看做財神了。

可見，財神的原型出現較早，而財神的成型和財神信仰的流行則始於宋代，盛行於明清。財神的出現不止表達了民間俗世對財富的慾望，更為人們追求財富的行為提供了一種精神上的保護。

文財神也稱「增福財神」，他錦衣玉帶、冠冕朝靴，白臉長鬚，溫文爾雅，面帶笑容。財神年畫具有記憶傳承功能，古人家家戶戶貼財神，就是民間俗傳可以積聚福氣、財氣、闢邪趨吉。

儘管財神眾多，換了一個又一個，但不知為何，財神的生日並沒有換。每年春節，廣大的漢族民眾在紛繁的民俗活動中，有一項民俗活動必不可少，就是迎財神、祭財神。正月初五，人們忙於接財神、

增福財神・武強年畫

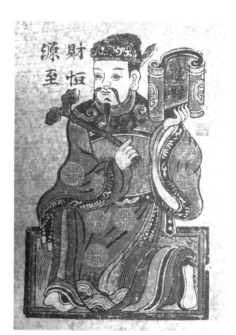

增福財神・武強年畫

財神，這樣拜就對了

012

送財神，慶賀財神生日，通過這種流傳了千百年世代的民俗傳承，人們似乎也得到一種精神上的歸屬。

民間信仰的財神眾多，不同時代，不同地區，各有崇尚。在歷史上被尊為財神的有比干、趙公明、關公、柴榮、五顯財神、和合仙官、利市仙官、文昌帝君等。財神成為一個群體，是不同時代，不同地域所崇奉的神，是人們想發財致富的心理寄託。

財神已經成為民眾祈求招財進寶、生活富足的一個符號，被善良的民眾崇拜著、供奉著。「有了千田想萬田，得了銀山想金山」是俗人的想法，「君子愛財，取之有道」是君子的風度。但無論俗雅，這些說法都從某個方面反映出了幾千年來人們對錢財的狂熱崇拜和追求。

財神身負人們求財祈富、勞動生財、經營聚財、避險增財和保護財富的多重責任，眾多財神形成了悠久而厚重的財神文化，不僅深深地鑲嵌在中華民族的文化中，也傳播到日本、越南、馬來西亞、新加坡等很多東南亞國家。如越南就有財神年畫，從畫面可見，其題材和藝術風格都深受中國財神年畫的影響。

財神的造神特點

將財神供在廟裡，將財神像請入家中，正是人們求財思想的體現。各路財神承載著人們招財進寶、日進斗金的美好祈盼，寄託著人們合家富貴、人財兩旺的心願，以致財神成為中國特有的文化現象。

財神，富有中國造神的特點，即隨意性、世俗性和功利性。

財神名目眾多，令人眼花繚亂，往往把一些並非財神的神仙和人物都拉進來。當然，拉進財神圈的人和神，也不是隨便就能進來的，起碼要具備以下幾

財神（清）

個標準：

一是看誰的名氣大，如福祿壽三星，人人皆知，名氣大，都可以拉進來做財神。

二是看誰的功能強，如土地爺，作為地域之神、「父母官」，什麼都可以管，功能強大，可以拉進來做財神。

三是看誰對我有利，如灶神，上天言好事，下界降吉祥，對我有利，可以拉進來做財神。

四是看誰實用，如鍾馗，可以打鬼驅邪，非常實用，可以拉進來做財神。

五是看誰可愛，如劉海蟾，整天蹦蹦跳跳，一派天真活潑模樣，十分可愛，可以拉進來做財神。

增福財神・平陽年畫

六是看誰順眼，如和合二仙，永遠是笑眯眯的，無憂無慮，看來順眼，又主喜慶，可以拉進來做財神。

所以，從財神身上來看，典型地體現了中國古人造神的隨意性、功利性和世俗性。

從以上六條可以看出，中國古代造神有些荒誕，把與財富無關的人物和神仙都列入財神圈，其實財神首先應該是富豪，其次還應是賺錢的人，再次他還應是有理念、有信仰的人。

這樣的人在現實中其實有很多，外國的不算，僅僅中國近現代就有李嘉誠、霍英東、伍秉鑑等。

其中伍秉鑑似乎沒有李嘉誠、霍英東名氣大，但他卻是中國近現代財神般的實力派人物，是當時的天下第一大富翁。2001 年美國《華爾街日報》（亞洲版）刊登了一個「縱橫一千年」的專輯，統計出了上幾個世紀世界上最富有的五十個人。其中，有六位中國人入選，他們分別是成吉思汗、忽必烈、和珅、劉瑾、宋子文和伍秉鑑。

這六個人中，又唯獨伍秉鑑是以純粹的商人身份出現，伍家所積累

的財富驚人。據伍家 1834 年自己的估計，伍秉鑑的財產已有二千六百萬銀元，按照國際銀價換算，這個數目相當於今天的二百五十億元新台幣。而且，伍家在珠江岸邊的豪宅，據說可與《紅樓夢》中的大觀園媲美。

　　這樣的富有者當然堪稱財神，但伍秉鑑生不逢時，在他財富達到頂峰時，中國財神的造神運動已經終止，否則，他很可能和沈萬三一樣，被列入財神仙班。

財神的種類

　　財神的種類繁多，多得數都數不清，中國古代幾乎所有大神、名神都或多或少沾有幾分財神氣，所以財神的分類也有多種標準、不同的分類方法，其中較為流行的分類法如下：

一、文財神和武財神

　　說到財神，按有沒有武功和有沒有文化，可分為文財神和武財神，是民間最常見的財神。一張財神年畫中如有兩個財神，即是文武財神，上武下文，或稱上關下財。

武財神關公・灘頭年畫

武財神關公・灘頭年畫

因為武功可以打天下，而文人造反十年不成，百無一用是書生，所以武財神排在文財神前面。

在民間繪畫中，武財神有兩位，一位是赤面長髯的關公，另一位則是黑面濃鬚的趙公元帥。而文財神也稱為「增福財神」，是北斗七星之一降臨人間，白臉長鬚，一身官服。

上關下財文武財神，武強年畫

①武財神

武財神主要有兩位，一位是趙公明，一位是關公。按職業的專兼，趙公明是專職財神，排在前面，關公是兼職財神，所以排在後面。

趙公明又名趙玄，是一位威風凜凜的猛將，民間相傳，他能夠伏妖降魔，又可招財利市。

趙公明被稱為武財神的同時，還有一個「正財神」的名稱。所以武財神更多時候是用來專指關聖帝君，即關羽。

關公形象威武，不但忠勇感人，而且能護財闢邪、招財進寶。加上民間傳說關雲長管過兵馬站，長於算術，發明日清簿，而且講信用、重義氣，故為商家所崇祀。一般商家以關公為他們的守護神，視其為招財進寶的財神爺。

按民間的流行程度，關公一點也不遜色於趙公明；按地位，關公也比趙公明更高。通常「上關下財」的年畫中，關公在上，文財神在下，而不是趙公明在上，兩人地位可見一斑。

武財神還有很多，很多武門神也在一些地方被奉為武財神。

②文財神

我們說財神種類繁多，其實主要是指文財神多。按文武財神分類，武財神之外的都可以歸入文財神類別。

民間所指的文財神主要有比干、范蠡、財帛星君和福祿壽三星中的祿星等。文財神除了多見於木版年畫外，還見於民間雕塑、剪紙等，其形象大多是錦衣玉帶、冠冕朝靴、臉色白淨、面帶笑容，適合新春喜慶，堂室張掛。

文財神在民間年畫中往往作財帛星君，也稱「增福財神」，他的繪像經常與「福」、「祿」、「壽」三星和喜神列在一起，合起來為福、祿、壽、財、喜。

其實，福祿壽三星中，只有祿星才是真正的文財神，其餘兩位是主福氣及壽元增添之神。

文財神或是生前巨富，或是升仙後奉命管理人間財帛、人世爵位。文財神大多並未進入道教神系，亦少有經籍傳世。

從筆者收藏的民間繪畫看來，財帛星君臉白髮長，手捧一個寶盆，「招財進寶」四字便由此而來。一般人家春節必懸掛此圖於正廳，祈求財運、福運。

說到文財神，必說武財神，因為文財神往往是與武財神成雙成對出現的，有時出現在中堂畫中，也是上下或並排出現在一張畫上。

二、正財神和偏財神

財神是道教俗神，民間流傳著多種不同版本的說法。按財神在民間年畫和藝術品中所處的位置不同，可分為正財神和偏財神。

偏財神招財利市和合
如意・南通年畫

正財神與偏財神是中國式說法。由於財富的來源不同，有正財及偏財，因此財神也有正財神與偏財神之分。

文武財神在民間都是所謂的正財神，在正財神之外還有所謂的偏財神。財神為何還要分正偏？民間有一種說法，認為偏財神是專司發橫財的財神。因此，所謂的正財神就是指引人們走正路的財神，而偏財神則是引導人們走旁門左道的財神。

民間認為，所謂的正財神就是趙公明。有的地方在財神趙公明年畫上面印一「月」字，稱為月財神趙公明，奉其為正財神。在春神青帝年畫上印一「日」字，和月財神趙公明合稱為「春福」，日月二神過年時常被貼在門上。

也有地方認為，財帛星君和范蠡為正文財神，趙公明則是正武財神。

更多地方認為，正財神不僅僅有趙公明，還包括文財神比干、范蠡，武財神關羽。

世俗有以關羽為武財神者，與文財神比干同堂，印在一張神馬和年畫上。神話傳說中說關羽在天朝曾被玉帝封為忠義大將軍，日守天門，夜管酆都，具有司命祿，庇護商賈，乃至招財進寶等諸多職能。

所謂的偏財神則有五路財神、利市仙官、招財童子、進寶力士等。

除了正財神和偏財神，還有準財神、和合財神、活財神、鎮宅財神等。

三、道教財神和佛教財神

中國財神有道教財神和佛教財神之分，民間流行的都是道教財神，上述文武財神和偏正財神，都是道教財神。

佛教財神祇是在某些時期和某些地區流行，如西藏等地區流行的就是佛教財神。

道教神系廣大，都是俗神，所以道教中有財神不難理解。佛國本是清心寡慾之地，按說不應對財起心，但愛財之心，人皆有之，佛國也不例外。可見財神無界限，也無信仰之別。

佛教財神中有北方多聞天王、善財童子、五姓財神等。

財神，這樣拜就對了

財神的分類是有根據的，各有不同理念和功能。民間信仰的每一位主要財神，都是一種道德原理的化身。比如關公代表了誠信，范蠡代表了智慧，和合財神代表了和氣生財，而趙公明和比干代表了公正，利市仙官則代表了開市大吉等。

財神擺設的文化習俗

在中國傳統民間觀念中，認為財神是掌管天下財富的神祇，倘若得到他的保佑眷顧，便可以財源廣進，家肥屋闊。因此很多人為求心安理得，往往會在家裡擺放財神像，希望求取好兆頭，商家更是朝夕上香供奉。

但很多人均有同一疑問，那就是民間流傳的財神有很多種類，到底哪一種才適合自己擺放或供奉呢？

上文已經描述了，民間流傳的財神雖然很多，但大致可分為文財神和武財神兩種。這兩類財神的信仰、供奉和擺設是有所講究的。

首先，擺放財神神桌的方向有宜忌，必須分清楚。

擺放文財神和武財神、地主財神的方向有異。威風凜凜的武財神應面向屋外，或是面向大門，所以神桌應正對大門，正如天下大小廟宇道觀，其主神的神像均是面向大門。

舉例來說，關帝財神以及地主財神應向著大門，其他則不必如此。

關帝是武財神，龍眉鳳目，手執青龍偃月刀，不單威武非凡，而且正氣凜然，令妖魔鬼怪望而卻步，故一般家庭大多奉為鎮宅之神，正對大門便有看守門戶的作用。

地主財神全名「五方五土龍神，前後地主財神」。在中國傳統社會裡，地主財神供奉在屋內，與供奉在大門外的「門口土地」，一內一外，

財神夫婦‧武強年畫

作為一間屋的守護神。

現在很多大廈均不容許在公眾走廊供奉「門口土地」，因此屋內的地主財神便要身兼二職，必須面向大門來阻止妖邪入屋肆虐。

由此可知，關帝財神與土地財神應該面向大門，這樣一方面可招財入屋，同時又可鎮守門戶，不讓外邪入侵。

家中除了某些神像應該面向大門外，其餘的則不需墨守成規。有些財神，特別是文財神，則需要面向室內。

財神夫婦・武強年畫

文財神滿面祥和，不論是財帛星君，還是福祿壽三星，均應向著自己屋內，而不應向著屋外，否則會認為向屋外送財。

其次，兩個武財神供奉的地區不同。

武財神有兩個，一個是趙公明，一個是關公。通常來說，北方商戶喜歡把趙公明供奉在店舖中。而在南方的商戶則大多供奉關公。

另外，福祿壽三星也可以擺放在財神位。

因中國造神的隨意性和泛化性，所以福祿壽三星往往也作為財神。「福星」手抱小兒，象徵有子萬事足的福氣。「祿星」身穿華貴

福祿壽三星・桃花塢年畫

朝服，手抱玉如意，象徵加官進爵、增財添祿。「壽星」手捧壽桃，面露幸福祥和的笑容，象徵安康長壽。

福祿壽三星中，本來只有「祿星」才是財神，但因為三星通常是三位一體，繪於一張年畫上，故而福、壽二星也被世人一起視為財神供奉了。

通常，信仰財神的人把福、祿、壽三星擺放在財位內，認為有這三星拱照，滿堂吉慶，財源自然滾滾而來。撇開風水不談，單是視覺及心理上，看到三星擺在財神位，也會覺得十分舒服。

最後，不同身份和職業的人，供奉不同的財神。

不同身份和職業的人，供奉的財神也不同。財神的文武之分，使得崇文尚武的人家，供奉也各有不同。

崇文的人家，或擔任文職的人，以及受僱打工的人均宜擺放或供奉文財神。

尚武的人家，或經商做老闆的人，以及當兵從事武職的人，則應該擺放或供奉武財神。

文武之道雖不同，敬祀的文武財神也各不相同，卻都各有財發。

會館促進財神文化

古代會館遍地興建，會館是商人的會聚地，家家會館都供奉財神，因為財神這一意象對於千里迢迢離家求財的商人來說尤為重要，這一會館民俗促進了財神文化的發展。

明中葉以後，隨著商品經濟的發展，經濟利益驅動的流動人口不斷增多，商人們也在這股不斷遷移的人流中，上通朝廷，下結官紳，北上西向，東進南下，商路達萬里

文武財神·朱仙鎮年畫

之遙，各地會館如陝西會館、福建會館、江西會館、山西會館、湖北會館、安徽會館等，在全國以及東南亞地區興起。

這裡以山西會館為例，看看會館文化是如何影響財神文化。

山西商人行走全國，款項匯通天下，一度執全國金融業之牛耳。而至今可見、遍佈全國的山西會館，作為山西商人曾經輝煌的見證，不僅是商幫形成的標誌，也是財神文化的載體。

實際上，山西會館自明朝產生開始，「篤鄉誼、祀神、聯嘉會」就成為其最主要的功能，而「篤鄉誼」、「聯嘉會」又是圍繞著「祀神」這一大主題展開，許多會館本身就是在先前所建的神靈廟殿基礎上發展起來的。

如在北京的山西顏料會館，最先為關聖、玄壇、財神、真武大帝、葛梅二仙廟宇，後來擴展為會館。洛陽的潞澤會館，最初為關帝廟。南京的山西會館，先是乾隆年間把顏料坊的關帝廟作為辦公地址，後將附近民房購買予以擴大，最後成為山西會館。可以說，至少在一個會館的建立之初，祀財神是其得以建立的號召以及最主要的社會功能。

山西會館多以主祀關帝財神的廟宇結構出現，或者本身就是關帝廟，被山西商人加以重修擴建作為會館之用，其碑文中也多提到在建立會館之初是以「祀神」為首要目的。如北京前門外顏料會館的《重修廟宇碑記》中提到：「從來神所憑依之地，雖歷久而不遷……於是敬卜吉期，重修大殿。設關公、玄壇、財神於左，真武大帝居中，葛、梅二仙於右，為眾人所頂禮。」

《重修仙翁廟碑記》中也說：「正殿為真武宮，關聖帝君、玄壇、財神列於左，梅、葛仙翁列於右。神光顯赫，靈佑昭彰，錫茲祉福，吾鄉在京商賈，托庇寧有窮哉！」

而晉冀布商會館的《創建晉冀會館碑記》中則提到：「雖向來積有公會，而祀神究無專祠……中廳關夫子像，左間火神、金龍大王，右間玄壇財神。」《重修晉冀會館碑記》記載：「晉冀布行會館……至今百餘年。其館內舊有神殿三間。凡我同人，每逢節期朔望，焚香跪拜者，無不目睹心驚。」

財神關羽被山西會館奉為關聖大帝，作為全國各地山西會館的主要鄉土神，隨著山西商人的足跡遍佈全國。關帝廟漸漸成為山西商人在各地留下的標誌性建築。由此可見，關公由武聖轉變為全國敬拜的財神，很可能是山西會館推波助瀾的作用。

武財神關公·武強年畫

山西會館還供奉正財神、福祿財神，多供奉有正財神趙公明，作為福祿財神。

山西會館亦供奉增福財神，如山西臨襄會館的《重修臨襄會館碑》中就記載：「內供協天大帝、增福財神、玄壇老爺、火德真君、酒仙尊神、菩薩尊神、馬王老爺諸尊神像。」

民間也有人認為財神即比干。《封神演義》有比干強諫紂王、被紂王剖心的情節，因貧者求財不可得，富者求之越聚越多，所以有人說財神是無心之比干宰相，於是比干成為山西會館供奉的又一財神。

會館以財神為號召，才能凝聚同鄉商人；財神在會館高居主神神位，才能吸引同鄉商人聚集起來，共同議事。因此，會館不僅成為了財神的載體，也成為了財神文化的傳播中心。

請財神的文化習俗

財神的流行是因為中國人對財神有普遍的信仰，誰不想財源滾滾呢？特別是商人，對財神信之最篤，商人拜財神波及社會各個層面，正如財神廟上一副楹聯所寫：「蘊玉藏珠，善賈固皆蒙樂利；心耕筆織，寒儒亦可薦馨香。」至今，我們仍可以經常看到商店裡供奉著財神，貼著這樣的對聯：「生意興隆通四海，財源茂盛達三江。」

由這種財神崇拜，形成了請財神的民間習俗，並由此形成了另一財

神文化的景觀。

　　請財神的民俗主要有以下步驟和講究。

一、請財神的第一步 —— 人和

　　人和就是要選擇適合自己的一尊財神。請者要提供自己的生辰八字，打算經營的生意介紹，如果是要奉請在家供養，還要提供家庭其他成員的生辰八字，如果是要奉請在經營場所，還要提供合夥人或主要管理人的生辰八字，經過批算後，方能確定哪尊財神適合請者。

　　這就是說，財神世界也具備了人間的特點，因為財神是人類創造的。

招財進寶・佛山年畫

二、請財神的第二步 —— 地利

　　地利就是要選擇財神安放的位置。請者應該要提供擬定安放財神的住宅或經營場所的平面圖，場地內家具、電器等擺設的安放示意圖，供應者結合具體的實際情況，選定合適的安放地點，並指點請者以後應用中的注意事項。

三、請財神的第三步 —— 天時

　　天時就是要選擇吉日良辰開光及安神。根據請者的實際情況，挑選符合要求的日期與時間，安排神像的開光儀式和安神儀式。古代有專門提供請財神的地點和人員，當今財神像的法儀主要在陝西終南山的財神故里進行，所以請者還要考慮到路途運輸上所花費的時間及自己的需求。

　　請財神的時間很重要，如果在請者希望的時段裡沒有合適的吉日，需要推遲到吉時方能更為有效。

四、請財神的第四步 —— 開光

　　請財神講究要請專業人士開光。民俗認為，無論是文財神還是武財

財神，這樣拜就對了

神，如果想要請回家的財神真正靈驗有力，添福進財，那麼必須要為財神開光。

就如在寺廟中購買觀音像一樣，開光是一個為神像賦予生命和法力的儀式，神像要由有功行的法師開光點竅通靈才有效用，否則如同擺設，還是沒有功效。

民俗認為，由於財神是道教神仙，所以，這個儀式必須是由道教弟子來執行，絕對不是任意宗教人士或者俗家信士所能替代。

五、請財神的第五步——裝藏

請財神還要請專業人士裝藏。裝藏是一種更進一步的法儀。民俗認為，如果請者的目的是為了更大的財帛祈願，通常就需要使用更高深的法術來施行。裝藏是由有功行的法師在神像內安放專門的法物，使其如有生命的人具備五臟六腑，以及各種神力。

一般來說，裝藏是安放若干味神藥以及五穀、五金、五色線等，再配以相應的符咒，通過專門的儀式放置在內。這些法物的配置是完全依

財神（清）

財神（清）

照請者的個人情況和需要決定。

同樣的，這個儀式必須由道教弟子來執行。

六、請財神的第六步 ── 安神

安神就是將這尊有靈性的神像安放到預先準備的神龕內，正式上崗。

前面的五步，可說是由法師具體完成，或在法師的指點下一一完成，而最後一步，則是由請者自己來實現。

請財神的人要根據規矩，在家裡設好神龕，在選定的吉日良辰將神像安放在龕內，再焚香祝福，即可大功告成。

民俗認為，這樣下來，請回家的財神就可以說是真正有靈的財神爺了。

當今市場經濟的背景下，對經濟利益的追求仍然是社會的不二法則，所以崇信財神者仍大有人在。但隨著社會發展、科學進步，人們的鬼神觀念日趨淡薄，迷信成分也越來越少，財神信仰遂衍化成一種符號意義，表達了人們對「公正、忠義、誠信、智慧、富足」等品質的渴望，體現了人們追求幸福生活的美好願望。

福祿財神

2

財神的
來源

財神的起源頗為難考，據民間總結，中國古代民間有十二財神。這十二財神是：劉海蟾、趙公明、比干、范蠡、關羽、五路財神、福德正神、沈萬三、貔貅神獸、和合二仙、利市仙官、家財之主。

　　其實，民間傳說的十二財神也不完整，民間關於財神還有很多說法，灶神、祿神、蔡京、鍾馗等，都是著名財神，很多門神也被當成財神。財神可以說是中國唯一的泛化神，它的身影幾乎寄託在所有的神身上，或者說，幾乎所有的神，都可以搖身一變化身為財神。據筆者統計，中國古代民間著名的財神有二十多位，如果將所有曾被當成財神信仰的財神統計起來，當有五十多位，而泛化的財神，則有數百位。

　　中國的財神眾多，有多少財神，就有多少的財神來源。

正財神趙公明說

　　趙公明掌管天下財富，是專司人間財富之神，為世人所奉祀的正財神。傳說趙公明神異多能，變化無窮，能夠驅雷役電，喚雨呼風，降瘟剪瘧，保命解災。他的職責是專司金銀財寶，迎祥納福。

　　趙公明在《封神演義》中稱為趙玄壇，在《三教搜神大全》中又名趙公元帥或黑虎玄壇，他與鍾馗是同鄉，都為陝西終南山人。

　　趙公明是在諸多古代典籍中都有記載的一位人物，晉代《搜神記》中，稱「三將軍趙公明」，以冥神的面目出現。

正財神趙公明・綿竹年畫

《三教搜神大全》中稱趙公明於秦時避世山中，修行功成，被玉帝封為神霄副帥。後隨張天師入鶴鳴山，頭戴鐵冠，手執鐵鞭，黑面多鬚，騎黑虎（後世以此為典型圖像），守玄壇，護丹室，授為正一玄壇元帥。因能「驅雷役電」，且「買賣求財，公能使之宜利和合。但有公平之事，可以對神禱，無不如意」，司財、致富的功能深入人心，而瘟君鬼帥邪士的本來面目，反被逐漸淡化。尊貴無比的財神，從此橫空出世。

隋文帝時，傳說趙公明等五瘟神至人間降瘟，趙公明又成為瘟神之一。

明朝，趙公明成為作惡多端的八部鬼帥之一，專向人間傳播「下痢」（痢疾），後被張天師降服。

在小說《封神演義》裡，趙公明成為峨嵋山羅浮洞修煉的道仙，武藝高強，騎黑虎，持鐵鞭，備有定海珠、縛龍索等寶物，出山後助紂為虐，被射殺。後受姜子牙封為「金龍如意正一龍虎玄壇真君」之神（即「財神」），下轄招寶納珍等四神，初具財神模樣。

趙公明司財，能使人宜利和合，發家致富，正好符合世人的求財願望，周圍常附之聚寶盆、大元寶、寶珠、珊瑚之類。

信義財神關公說

關公，名羽，是忠誠信義為本的義財神，作為全能保護神、行業神和財神，被人視為武神、財神及保護商賈之神。他還有治病除災，驅邪避惡等「全能」法力，因此，民間各行各業對「萬能之神」關帝頂禮膜拜。

公正財神比干說

比干是商朝殷紂王的叔父，忠貞耿直，因勸諫慘遭剖腹挖心。他的心被挖空後成了無心之人，也正因為無

關公‧武強年畫

心無向，不偏不向，辦事公道，童
叟無欺，比干以忠直和沒心眼被奉
為公正財神。

傳說在比干蔭佑下做買賣人，
無偏無向，公平交易，互不坑騙，
所以比干廣為世人所傳頌和敬奉。

智慧財神范蠡說

范蠡被稱為陶朱公，是生財有
道的文財神。他是春秋戰國時期的
傑出政治家、思想家和謀略家，同
時也是一位生財有道的大商家。

范蠡是春秋越國重臣，曾助勾
踐復仇滅吳，最後功成隱退（也說
逃逸）。民間有多種傳說，有關經
商的傳說講范蠡出逃後，浮海到齊
國經營農業和商業，三次發財，三
次散財給窮人。後在陶邑定居，號
為「陶（暗喻「逃」）朱（高官紅
袍的顏色）公」。因能發家致富和
樂於散財，被奉為偶像。

范蠡做生意積累了數萬家財，
成為陶地的大富翁，後又分財於百
姓，受天下人讚美，拜其為財神，因
其能廣散錢財，故被稱為智慧財神。

文財神蔡京說

關於文財神的來歷，民間流傳
著多種傳說，其中一種說法認為宋

文財神比干・鳳翔年畫

文財神范蠡（清）

朝蔡京為財神。

民間傳說，蔡京十分富有，是富神降生，他恰生於正月初五，所以民間把他當做財神來祭拜。

但把蔡京選為財神，實在是中國人求財心切、是非不分的誤會。

因為，在歷史上，蔡京是宋朝奸相，他倡導窮奢極欲的生活方式，以取悅最高統治者宋徽宗。透過大興土木，擴建樓堂館所，深得宋徽宗賞識。

世人羨慕他的富有，便把這個風雲人物當做富裕之神，將蔡京正月初五的生日當做祭祀財神的日子，大家唯恐發財落後，於是紛紛祭財神。

不過，歷史是公正的，惡人自有惡報。後來，蔡京被貶到廣東海南的儋縣，還沒有到達便死在道上，導致家敗人散。

偏財神五路財神說

五路財神是玄壇真君趙公明與四名主掌招財納福屬神之合稱，這是財神最廣泛的說法。

傳說趙公明有四位義兄弟（或部將），除了中路的武財神趙公明外，其餘四路為東路財神招寶天尊蕭升、西路財神納珍天尊曹寶、南

福祿財神・平陽年畫

五福大神・保山紙馬

路財神招財使者陳九公、北路財神利市仙官姚少司。

五路財神的觀念可能受到五行觀念的影響，認為天地廣闊，財寶當然也要分區處理。拜五路財神，就是收盡東南西北中五方之財的意思。

在中國傳統文化中，福與財相連，財神即福神，所以五路財神在有些地方也稱為五福大神。

偏財神利市仙官說

利市仙官可說是地地道道的偏財神。利市仙官本名姚少司，是大財神趙公明的徒弟，後被姜子牙封為迎祥納福之神。

利市仙官財神有多種寓意，一是指做買賣時得到的利潤，二是指吉利和運氣，三是指喜慶或節日的喜錢，如壓歲錢等。人們信奉他，是希望得利市財神保佑，生活幸福美滿，萬事如意。

利市仙官・北城紙馬

到了近代，每到新年，有的人，特別是商人，還會把利市仙官圖貼到門上，寓意財源廣進、吉祥如意。

江南財神沈萬三

江南財神沈萬三是最受歡迎的財神之一，也是一位真實的人物。

元末明初的大富翁沈萬三是銀行界的始祖。據說他有一個「聚寶盆」，能不斷生出金銀珠寶。朱元

財神・下關紙馬

璋要建國時，因為手頭欠現，曾找他幫忙，因此把他詔封為「財政部長」，掌理國家財務。

後來天帝封沈萬三為「增福財帛星君」，手下還有「招財童子」及「接引天官」二位助手。

從民間年畫上看，沈萬三文雅非凡，白臉長鬚，左手執「如意」，右手執「聚寶盆」，寫著「招財進寶」，所以一般從事買賣、股票、銀行，都喜好拜祭祀奉沈萬三。

偏財神貔貅神獸說

貔貅神獸是吉祥財神，俗稱偏財神。

貔貅神獸的歷史發祥事蹟最早，故稱為偏財神獸王，簡稱「偏財神王」，是中國古代財神中唯一的動物財神。

活財神劉海蟾說

劉海蟾在民間被稱為散錢濟貧的活財神，俗稱瀏海。據說，劉海用計收伏了修行多年的金蟾，得道成仙。劉海戲金蟾，金蟾吐金錢，於是他走到哪裡，就把錢散到哪裡，救濟了不少窮人，所以人們尊敬他，感激他，稱他為「活神仙」。

招財進寶·漳州年畫

準財神和合二仙說

和合二仙本是中國民間神話中的和美團圓之神。傳說為唐代詩僧寒山與拾得，二人相交甚厚，和睦同心。兩人一人捧盒，一人持荷，漢語中「荷」

劉海戲金蟾·楊柳青年畫

與「和」、「盒」與「合」諧音，故合稱「和合二聖」或「和合二仙」。

世俗將和合二仙手中的盒訛傳為「聚寶盆」，奉和合二仙為財神，實際上是有意將和合二聖的功能擴大。

招寶和合財神．下關紙馬

和合二順．玉溪紙馬

兩人為唐太宗時期的高僧，相傳為文殊菩薩與普賢菩薩的化身，兩人情感融洽，象徵和睦、和氣生財。

鎮宅財神鍾馗

鍾馗有很多封號，他是驅邪斬祟將軍、打鬼驅魔大臣、判官，也是財神。在民間，鍾馗是人、鬼、神一體的偶像，這在中國的民間傳說中僅此一例。

因鍾馗可以捉鬼打鬼，人們把他作為鎮宅大神，門口貼上「鍾馗鎮宅」年畫，心裡能感到安全和踏實，鍾馗由此成為家喻戶曉的保護神。

在傳統文化觀念中，守住了家，就守住了財，因此，在民間年畫和民間傳說中，鍾馗不僅可以鎮宅，也是財神。

準財神福德正神說

福德正神即土地神，民間稱為土地爺，為何將土地爺稱為財神呢？

準財神鍾馗．綿竹年畫

這是因為土地神福德掌管的職務包括守護鄉里、宅邸、墳墓等，以及庇佑大地、農作物及其他植物的生長。住宅與財富有關，農作物在農業社會更與財富有關，而中國人「土地斯有財」的觀念自古以來根深蒂固，所以，土地神在商人的心中也是大財神。

山神土地・通海紙馬

土地神保佑人間五穀豐收，為「人畜興旺正神」，俗稱土地公。土地財神以能招財與守財而登上財神爺寶座，故要求財利各事，受天神分配之後，都交其管理，最後才交到民眾手中。

土地神為職務最小的神，比七品芝麻官還小得多。古代村村都有土地廟，可以說每村都有一個土地神，甚至三五居民就有一個土地廟，所以土地神的職務僅僅相當於村長或組長。

別看土地神職小，卻是權力廣大的神祇，據說他手下還有五員大將，為五路財神，分派東南西北中。為了掌理各地區民眾的財利及福澤，土地財神不管你正、邪、富、貧，都為你儘量爭取一切利益，並替你掌理財庫，為中國五位福德正神的首領。

不僅大陸奉土地神為財神，台灣人也認為，土地神可以為人民帶來財富，香港也有供奉土地財神的習俗。

準財神家財之主說

家財之主即灶王爺。兩千多年來，中國一直有農曆十二月二十三日祭灶的習俗，以此來感謝灶王爺。

灶王爺是古代神話中的一個神，他是天上的玉皇大帝派到每家每戶來的官

灶神夫婦・綿竹年畫

吏財神。灶王爺每年要向玉皇大帝匯報每家人一年來的善惡，因此，人們不免對他有幾分敬畏。為了討好灶王爺，讓他上天言好事，於是在人間就形成了年年祭灶的習俗。

其他財神的來歷說

關於財神來源，民間還有很多其他說法，不同地方、不同行業財神的說法也不同。主要有如下財神。

一‧布袋和尚

傳說中彌勒佛化身為布袋和尚，而布袋和尚的笑容與布袋，也常被認為是象徵歡喜、招財，而視同財神。

二‧端木賜

就是孔子弟子子貢，善於言語，以經商聞名，富至千金。

三‧韓信

傳說漢朝淮陰侯韓信發明了許多賭博用具，供士兵玩樂。因此有些賭徒會供奉之，稱其為「偏財神」。

四‧鐘離權、呂洞賓

鐘離權、呂洞賓都是八仙中的人物，同為道教全真道祖師。相傳兩人有點石成金的法術，可使人富裕。

佛教財神的來源

佛教要求信徒去除貪慾，甚至鼓勵拋棄所有世俗財富、過簡樸的出家生活。可是佛教文化（特別是密教）中卻可以看到許多不同種類的財神，不免令人疑惑。如四大天王中的毗沙門天，就以「財寶天王」著稱。

這是因為，佛教雖然教導人們過簡樸和清淨的生活，但在修行的過程中需要社會力量的認同與支持，因此權貴者與富人的支持是非常重要的。釋迦牟尼剛成道的時候，因為得到舍衛城給孤獨長者供養的祇園精舍，才得以建立僧院，後來佛教能傳播到印度和世界各地，也受到各國國王或大施主的支持。

佛教的財富有很多種，從修行的過程來說，修行是條漫長的路，行者如果要專心致力於修行，必須事先準備好足夠的補給，以免補給不繼而中途放棄。

補給可大可小，短則幾天，長則數年，補給除了源於自己的經營所得外，更多是要靠他人的支持。因此，佛教認為修行的前期，必須先積蓄福德資糧。

從教義上來看，佛教教導人們離苦得樂，財富或許能解決人們一些物質上的苦，但只有智慧才能引導人們真正脫離各種痛苦。因此教義上，智慧被視為最高的財富。

由於世人的需要和佛法中對於福德、財寶的深刻理解，因此產生了佛教中許多重要的財神和財寶本尊，以滿足那些虔誠信眾求取福德財寶的願望。

佛教財神一方面能賜給眾生世間的福德、財富，同時也能加持眾生具足一切的功德、智慧、慈悲等出世間的福德，使眾生圓滿世間與出世間的福德、財寶，擁有廣大的力量，成就無上菩提大道。

正是因為有了這些財神和財寶本尊，大大拉近了佛教與普通民眾之間的距離，許多人並不是佛教徒，但大家都供養著財神，因為財寶福德人人都喜歡，「信則神，誠則靈」。

在佛法中，這些具足無邊福德的財寶本尊，從過去世的因地修行開始，就不斷地布施世間與出世間的財寶給予眾生。因此，當他們修行成就時，當然具有更大的福德力，也更樂於施捨眾生無量的珍寶。

所以，佛教認為，只要如法、如理地修行、祈請，就會得到財寶本尊的加持和賜福。而這些財寶本尊，不只受熱鬧祈請、敬禮，而賜福於人，並且留下了許多的修行法

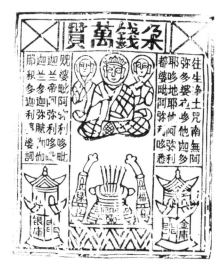

朵錢萬貫·玉溪紙馬

門，讓有緣的大眾依法修持，如願地獲得這些世間與出世間的珍寶、財富。

朵錢萬貫・玉溪紙馬

佛教觀念中，除了財寶本尊與其法門以及一些特有的修福法門外，在佛教中有許多的護法與諸天善神，由於具有極大的福德資糧及無量的財富、珍寶，時常賜福給修行正法的眾生，不管是修行佛法，或是向這些護法財神祈請、禮拜，乃至修行他們的法門，都能如願地獲得珍寶、財富，具足無上菩提的資糧。

這些財寶本尊與財神，都是以廣大的慈悲願力，使修行人能具足資財弘法利生，不被生活所困，而安心向道，賜予修行人豐足的財富，廣結善緣，勤行布施，以成就無上菩提心，而圓滿功德。

佛教的財寶本尊、財神及其法門，在密宗後來成為增益法門，並成為密宗的四大法門之一。

在中國民間，古典名著《西遊記》或許是佛教財神的來源之一。據《西遊記》中描述，唐僧師徒到了西天，竟意外遇到索賄的事，唐僧只得拿出紫金缽獻出，才獲得有字的真經。佛經裡也記載了這樣一個故事：佛祖釋迦牟尼收受了龍女一顆價值三千大千世界的寶珠，才讓龍女立地成佛。因此，佛門也出現了財神。

佛教財神主要有北方多聞天王，他是佛教四大天王之一，源於印度教中的財神俱毗羅。他既是北方的守護神，又是財富之神。敦煌壁畫裡毗沙門像，畫的是他渡海布道、廣散金銀財寶的故事。所以，他最受人們歡迎。

佛教財神中著名的還有善財童子。傳說，福城長者有五百個兒子，善財是他的小兒子。善財出生時，有很多珍寶從地下湧出，福城長者請來一位相士，相士為之取名叫「善財」。

善財視財富為糞土，發誓要修行成佛。他歷盡千辛萬苦，參拜了比丘、長者、菩薩、婆羅門、仙人等五十三位名師，最後拜見了普賢菩薩，實現了成佛的願望。

善財為老百姓喜聞樂見，他是觀音菩薩身邊的其中一位童男，有的年畫還特別標明他就是善財童子。

在佛教的傳播過程中，另外還有幾種佛教財神源自於印度或西藏，如印度各種民間信仰中藥叉神、象鼻天、財續母等。

西藏和各地具有財神屬性的神祇，都被組織起來，並賦予佛教上的含義，如藏傳佛教中有五姓財神，即綠財神、白財神、紅財神、黃財神、黑財神，他們都成為佛教的護法或本尊。

佛教供養財神的方法有很多種，例如火供、水供等，也可以請密教上師擺設壇城施法，然而財神之所以幫助人們賺錢，則是希望透過眾生祈求達所願，並幫助眾生累積自身的福德，先能種下自己的善業福田，再將己身的能力用來造福人群、利益廣大群眾。

佛教要求財神信眾能生發無上菩提心，發願救度一切眾生於貧困，廣結善緣、努力布施及回向十方，廣開悲心福願、行善積德，才是一個正信的修行者。以此發心來修財神法，也才能夠得到圓滿具足，福德更不可限量。

財神生日的來源

財神生日在民俗中形成了財神的節日，其生日來源有多種說法，也有多種日期，主要有以下幾種來源說法。

一·正月初五財神生日說

民間最流行的財神節來源說與蔡京有關。

蔡京生於正月初五，中國民間傳說正月初五是財神的生日，所以過了年初一，接下來最重要的活動就是接財神—在財神生日到來的前一天晚上，各家置辦酒席，為財神祝賀誕辰。

這有些奇怪，中國古代以殷商時期的神話人物趙公明為正財神，以商朝比干為文財神，以三國關雲長為武財神，為何不以他們的生日為節

日，而以一個最不出名的財神生日為節日呢？況且，後來蔡京遭貶，人們另換了財神，但為何財神的生日卻一直沿用蔡京的生日呢？

或許，這是因為蔡京的生日正處於春節期間這樣一個最好的時間吧。

每年正月初五專祭財神。祭祀時，紅燭高燒，鞭炮齊鳴，用麵做成元寶、聖蟲，或用錢做成錢龍，吃水餃謂之「元寶」，意為招財進寶。

二‧三月十五日財神生日說

俗傳農曆三月十五日為財神生日。這一天，迷信的商家都要舉行隆重的祭祀儀式，為了搶先接到財神。

三‧七月二十二日財神生日說

還有一說，財神節是農曆的七月二十二日。

如臨清每年七月二十一日至二十三日為財神會，唱戲三天。濰縣是七月二十一日為祭財神日。其財神廟有對聯云：「頗有幾分錢，你也求，他也求，給誰是好？點上三炷香，朝也拜，夕也拜，叫我為難。」

為何將財神節定為農曆七月呢？可能與中國習俗上稱七月為鬼月有關。

俗謂此月鬼門關大門常開不閉，眾鬼可以出遊人間。七月十四日，是鬼月中陰氣最重的一天，是鬼節。傳說這一天的子夜時分，停留於荒郊野外會看到百鬼夜行的奇觀。百鬼從奈何橋上過來，冥司點起大紅燈籠引領他們，朝著闊別已久的陽界浩浩蕩蕩而來，所以這一夜不宜外出。

鬼節和財神節是兩個性質完全不同的節日，一個大不吉，一個大吉，

財神‧南通年畫

它們有什麼關係呢？

這可能和鍾馗有關，鍾馗是打鬼英雄，役鬼大王，捉鬼神聖，冥界判官，同時鍾馗又被民間奉為財神，所以將財神的生日定為鬼月。

還有一種說法，稱財神趙公明性懶而散淡，一年中僅在正

財神節定為農曆七月和鬼月有關

月初五那天走下龍虎玄壇一次，也不知他要去往哪一家，所以大家都在此日趕早鳴放鞭炮，焚香獻牲，想在前頭迎接他。

也有人打聽到這位尊神的生日是農曆七月二十二日，因此並不去湊初五的熱鬧，而是改在財神誕日悄悄備辦盛祭，指望他從後門溜進來享用。

我們現在常能看到一些商家食肆在鋪麵店堂裡置有或大或小的財神龕，平日電子香燭火高低明滅，到了農曆七月二十二日便悄悄地擺上了四菜一湯。這四菜一湯便是為財神趙公明準備的。

老財主　聚處回　錢　龍　其林送子　周通元宝　宝

3

接財神
風俗

財神受到最廣大民眾的喜愛，是因為他有可信度和親和力。中國歷史上，最有錢的人是皇帝，只有皇帝才算是應有盡有，擁有享不盡的榮華富貴。但皇帝不是人們想做就能做的，許多人都因為想當皇帝而被殺了頭；而財神爺是人人都可以想著去做，人人都可以想像自己成為財神爺，過上財神爺那樣的好日子，應有盡有，金錢永遠花不完用不盡，永遠是一個大富翁。因此形成了一系列的財神民俗。

其中，每年除夕請財神、大年初一接財水、大年初二祭財神、大年初四迎財神、大年初五接財神、送財神等傳統民俗活動，豐富多彩，民間年畫多有表現。

大年三十請財神

財神在世人心目中是貧富的主宰者，因此財神是中國民間普遍供奉的善神之一，每逢新年，家家戶戶懸掛財神像，希冀財神保佑以求大吉大利。吉，象徵平安；利，象徵財富。人生在世既平安又有財，自然十分完美，這種真切的祈望成為人們普遍的心理。盼交好運，嚮往發財是眾人求財納福的心理與追求，充分反映在春節敬祀財神的一系列民俗活動中。

大年三十這一天，古代家家戶戶祭拜灶神，然後開始請財神、迎財神和祭財神。

大年三十以前，新年臨近，一些商店便開始出售財神趙公元帥等財神年畫。人們買財神不說買，而說請，如已買了財神像，便說已經請了財神。

各地除夕習俗有所不同。蘇州人除夕在飯內放進熟荸薺，吃時挖出來，

爭請財神到我家・濰縣年畫

謂之「掘元寶」，親友來往，泡茶時要置入兩顆青橄欖，稱為喝「元寶茶」，恭喜發財。

人們將買來的財神年畫掛於中堂，除夕舉行祭祀，於神像前點燃香燭，擺上供品，祭祀者邊行拜禮邊禱告：「香紅燈明，尊神駕臨。體察苦難，賜福萬姓。窮魔遠離，財運亨通。日積月累，金滿門庭。」

除夕守歲是最重要的年俗，守歲之俗由來已久。最早記載見於西晉周處的《風土志》：除夕之夜，各相與贈送，稱為「饋歲」；酒食相邀，稱為「別歲」；長幼聚飲，祝頌完備，稱為「分歲」；大家終夜不眠，以待天明，稱曰「守歲」。

據史料記載，這種習俗最早產生於南北朝。「是夜，禁中爆竹山呼，聲聞於外，士庶之家，圍爐團坐，達旦不寐。」以後逐漸盛行。

在魏晉時期也有除夕守歲記載。「一夜連雙歲，五更分二天」，除夕之夜，全家團聚在一起，吃過年夜飯，點起蠟燭或油燈，圍坐爐旁閒聊，一家老小熬夜守歲，共享天倫之樂，等著辭舊迎新的時刻。

除夕守歲的同時，還有一項重要的民俗活動─迎財神。除夕之夜，全家人要圍坐在一起吃餃子（餃子象徵財神爺給的元寶），吃罷餃子徹

百般神靈都來過新年‧濰縣年畫

財神叫門‧濰縣年畫

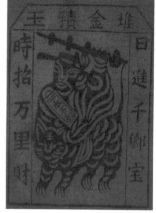
財神‧灘頭紙馬

夜不眠，等待著接財神。

　　財神，實為採用中國傳統木板年畫印刷工藝印製的財神畫像，系用紅紙印刷而成，中間為線描的神像，兩旁寫著「日進千鄉寶」、「時招萬里財」，或「添丁進財」、「祈求平安」之類的吉利詞語。

　　舊時貧窮人家的小孩，於除夕夜到各家各戶叫賣財神，高聲吆喝：「送財神來了！」

　　「送財神」的除了一些貧寒子弟，也有街頭小販，他們低價買來財神像，穿街走巷，挨門挨戶叫賣：「送財神來嘍！」戶主絕不能說「不要」，而要客氣地說：「勞您駕，快接進來。」幾個銅子就可買一張，即使再窮也得賞個黏豆包，換回一張。

　　一個除夕夜，有時能接到十幾張「財神」，這是為了討個「財神到家，越過越發」的吉利。

　　據有關資料記述，舊時蘇北張家港地區有貼財神的習俗：他們用黃紙刻上財神圖案，去人家門上張貼，貼時口中唸唸有詞，其詞曰：「財神貼得高，主人家又蒸饅頭又蒸糕；財神貼得低，主人家開年好福氣；財神貼得勿高勿低，主人家裡錢鋪地。」主人則答曰：「靠富。」

　　這種習俗仍在中國一些地區延續。春節期間一些乞丐到村裡挨家挨戶乞討，主人給他們施捨錢財後，他們就在主人家門口的牆上貼上一張財神像。

古代關於除夕迎財神的年畫較多，楊家埠年畫、平度年畫、高密年畫中，關於除夕請財神和迎財神的年畫尤多。

大年初一接財水

大年初一凌晨，家家戶戶第一件事是爭先恐後放「開門炮」，到處是一片爆竹聲，象徵送舊迎新和接福，俗謂「接年」。

世人相信開門炮越早放越好，象徵新的一年如意發財，隨便做什麼事都會順利，種田人會五穀豐登。有些地方在放開門炮時，還口中唸唸有辭：「開大門，放大砲；財亦到，喜亦到。」

放過開門炮，各家男女穿上新衣。主婦燒佛茶，以瓷碗盛各種祭品，供於香案。

中堂懸掛祖宗圖像，先拜祖宗，再拜六神（灶神、簷頭神、白虎爺、井神、土地神、財神）。民間認為這六位神祇，是每家的保護神，新年祭拜，主要祈求全年人口平安，家業興旺。

「正月初一起五更，迎喜接福敬三星。搶得一挑金銀水，一年興旺不受貧。」這首流傳在中國四川、陝西一帶的民謠，闡釋了「擔水進財」

誰要誰發財・濰縣年畫

的豐富內涵。

正月初一早起擔汲井水或河水的風俗，伴隨著一個勤儉致富的故事：相傳，過去有三兄弟拆灶分家。分家時，三人都是窮漢，可是三年後，老三蓋了房子、娶了老婆，老大和老二仍舊是窮光棍。

除夕之夜，老三和老婆辦了桌年夜飯，請大哥、二哥前來團聚。

酒過三巡，當哥哥的爭著向三弟請教：「你三年脫貧，可有啥秘訣？」老三笑而不答，老哥倆問得更緊。老三說：「這樣吧，明天一早，我們各自去河裡挑一擔水來，見面後再講。不過，一定要起早呀！」

第二天，曙色未顯，劈里啪啦的鞭炮聲便把熟睡的老大和老二吵醒了。想到要討教「秘訣」，兩人連忙拿起扁、擔起水桶，各自去河邊挑了一擔水往三弟家走去。剛進院門，只見老三早就把幾口大水缸都灌滿了。「你起得這麼早呀？」兩位老哥詫異道。「對，這致富秘訣嘛，就是一個『早』字。」就是要勤勞嘛。從此，他們天天堅持早起幹活，夜黑歇工，三年以後，也都蓋了房子娶了老婆。

這故事傳開後，老一輩的人都受到了啟發，每逢正月初一，都要兒孫摸黑早起，趕著去河邊井邊汲水，意思是開了個好頭，堅持下去。誰

家有搖錢樹・濰縣年畫

起得早，誰家越興旺，而這第一擔水也被賦予了「金銀水」的美稱，寄託著迎喜納富的美好願望。

按規矩，還要將這水燒熟沏茶，以敬祖先。據說汲挑這一擔水時，還不許吭聲，怕走了「財氣」，由此形成的景觀便是眾人各幹各的，互不招呼，只聽見河邊井畔和路上村裡水桶與鐵鉤「叮咣叮咣」的撞擊聲，此起彼落，別有一番風趣。

有些地方的「送財水」習俗不是在正月初一，而是正月初二。

招財利市和合如意・南通年畫

例如，中國華北地區，也有所謂「送財水」的習俗。正月初二的早晨，賣水人會挑一擔水，並放幾根柴禾，推門走進人家宅院，高聲喊道：「柴水要嗎？」而這個「柴」便代表了「財」。

所以主人家連忙大聲應道：「接財水，接財水！」意思就是從這一擔水開始，新年中的財富會如流水一般源源流進家門，而賣水人照例可以從主人家獲得一些額外的「財水錢」。

其實，財神不是送財水的人，反倒是接財水的人，這其中不無幾分黑色幽默。

初一這天，有些地方，會有人把紅糖元寶用紅繩綁在萬年青的樹枝上，沿門挨家挨戶地送吉利話，由一人打著竹板，現編俚語，一人搖春柴（樟樹枝葉）專門應好，這叫「送元寶」或「喊元寶」。講完，每戶給點年糕或零錢。

送元寶之歌云：「元寶進門台，好！金銀大發財，好！積德積善前世修，好！元寶扭一扭，好！養豬大如牛，好！元寶顯一顯，好！赤腳蓬頭劉海仙，好！劉海仙戲金蟾，好！金錢銀錢送上府來，好！福祿壽禧萬萬年，好！」

大年初二祭財神

　　春節除了迎財神、接財水之外，祭祀財神也必不可少。民間於正月初二祭財神，鞭炮聲晝夜不休。

　　舉國各地均祭祀財神，祭祀方法各異。北方地區春節時，家家請回財神，供奉財神像，焚香上供品。正月初二清晨祭焚財神像，祭祀時邊行禮邊誦祝詞：「香紅燈明，尊神駕臨，體察苦難，賜富百姓。窮魔遠離，財運亨通，日積月累，金滿門庭。」

　　清代俗曲則云：「新正初二，大祭財神，點上香燭把酒斟，供上了公雞豬頭活鯉魚，一家老幼行禮畢，鞭炮一響驚天地。」

　　祭祀場面非常隆重，南方尤其特別講究敬祭財神的供品內容，供品共分三桌：第一桌為果品，有廣橘，表示生意廣闊；第二桌為糕點，多用年糕，意為年年高，糕上插有冬青枝，意為松柏常青；第三桌為正席，有豬頭、全雞、全鴨、全魚等，有招財進寶、魚躍的吉意。

　　祭祀時，主人點燃香燭，眾人頂禮膜拜。人人滿懷發財的希望，祈

增福財神・平陽年畫　　　　　　　　　　增福財神・平陽年畫

願在新的一年裡大發大富。

大年初二商家最重視祭財神，比起家庭祭祀，商家往往會同時供三個財神，即關聖大帝、玄壇趙元帥、增福財神。供品多為羊肉、雄雞、活鯉魚、年糕、饅頭等。將火燃於酒杯中供神，據說是取「火酒活魚」之意。

送神時，把松柏枝架在芝麻秸（芝麻打落後所剩餘的空殼及枯桿）上，加黃錢、千張、元寶等當院焚燒，劈啪作響。

從中國各地都有祭祀財神的蹤跡看來，便可知財神在人們心目中的地位。

大年初四迎財神

民間祭祀的財神會因時因地而有所不同。不過，儘管財神有文武之分的不同，在民俗中他們的生日卻是同一天，即農曆正月初五。

為了搶先在初五迎接到財神，習俗從正月初四就緊鑼密鼓地開始準備了。

正月初四這一天，商家都要舉行隆重的財神祭祀儀式，而且為了搶先接到財神，商家又多於初四晚上舉行迎神儀式。店堂從外到裡依次擺上三桌供品。

第一桌為果物，有廣橘，象徵生意門路廣；蜜橘，象徵生活甜蜜；福橘，

鐵樹開花·濰縣年畫

財神拉回家·濰縣年畫

象徵福星高照。

第二桌為糕點，多用各種年糕，取年年高之意，年糕上插上松柏枝，象徵青春永駐，延年益壽。

第三桌為正席，有豬頭、全雞、全鴨、全魚等，象徵富裕圓滿，還要盛上一大缽飯，飯上插上一根大蔥，蔥管內插一支千年紅，寓意為「興沖沖，年年紅」，以此祝願生意興隆、紅火之意。

迎財神儀式由店老闆主持，老闆手持香燭，分別到東西南北中五方接五路財神，每接一方財神，都要燃放一次鞭炮，以示歡迎慶賀。五方財神都接到之後，便掛起木刻印的五個神像，點燃香燭，然後由老闆率眾夥計行拜祭祀。拜畢，將神像捧到店門口焚化。最後老闆再擺酒宴與眾員工聚餐。

從初四半夜開始，爆竹早已放得震天響，希望能搶先迎接到財神，這個習俗據說始於宋朝。

這一切都是為初五開門營業準備的，俗言此舉可以求得財神保佑，生意興隆。

大年初五接財神

正月初五，各商店開市，一大早就金鑼爆竹、牲醴畢陳，以迎接財神爺。

清人顧鐵卿《清嘉錄》中引了一首蔡雲的〈竹枝詞〉，描繪了蘇州人初五迎財神的情形：「五日財源五日求，一年心願一時酬；提防別處迎神早，隔夜匆匆搶路頭。」表現出商家個個爭先搶迎財神的情形以及期盼率先發家、唯恐落後的競爭心態。

財神到・楊家埠年畫

財神，這樣拜就對了

「搶路頭」亦即「迎財神爺」。迎接的財神爺不止一位，有多位重要的財神都要迎接。

信奉關帝聖君的商家，在正月初五要為關公供上牲醴，鳴放爆竹，燒金紙膜拜，求關聖帝君保佑一年財運亨通。

初五接財神爺，趙玄壇最受尊拜。許多商店、住宅都供奉他的木版印刷神像，玄壇面似鍋底，手執鋼鞭，身騎黑虎，極其威武。

財神‧聊城年畫

除了趙玄壇被尊為「正財神爺」外，重要的財神有「文財神爺」財帛星君，也稱「增福財神爺」，他的年畫繪像與「福」、「祿」、「壽」三星和喜神列在一起，合起來為福、祿、壽、喜、財。

民間還有「偏財神爺」五顯財神爺。五顯財神爺信仰流行於江西等地，傳說兄弟五人封號首字皆為「顯」，故稱「五顯財神爺」。生前劫富濟貧，死後仍懲惡揚善，保佑窮苦百姓，北京安定門外就有一間五顯財神爺廟。

五顯財神在有些地方也叫五路財神。所謂五路，指東西南北中，意為出門五路，皆可得財。

清代顧祿《清嘉錄》云：「正月初五日，為路頭神誕辰。金鑼爆竹，

五祀‧玉溪紙馬

牲醴畢陳，以爭先為利市，必早起迎之，謂之接路頭。」又說：「今之路頭，是五祀中之行神。所謂五路，當時東西南北中耳。」

五祀即祭戶神、灶神、土神、門神、行神。所謂「路頭」，即五祀中之行神。

正月初五接財神這一天，還有很多民俗。如正月初五被稱作「破五」，因為從正月初一到正月初五有很多禁忌，過了這天，禁忌便可破除，所以也謂「初五隔開」。

正月初五這天垃圾變成了「窮氣」，因此要清掃家裡，將垃圾整理好等著送出去，初六俗稱「送窮出門」。

正月初五也叫「五忙日」，禁止動土，否則可能會有災害發生。

這天也是五路財神生日，商家在路邊擺起供品，焚香拜神，以求大發利市，同時正式開張。

舊時商家，從初五開市。聞雞鳴即起，放鞭炮，在招幌上掛紅布，共喝財神酒。祭品中必須有一條大鯉魚，「鯉」為「利」的諧音，故稱該魚為「元寶魚」。

所以初五早上必有叫賣元寶魚者，各店鋪也會爭購，用線穿魚脊並掛在房樑上，魚頭朝內，身上貼紅紙元寶，寓意為「招財進寶」。

招財進寶・昆明紙馬

金甲財神・大理紙馬

大年初五送財神

　　財神只有一個，加上四員下屬也只湊成了五人，全國想發財的人卻有成千上萬，數以億計，顯然供不應求。

　　求大於供，怎麼辦？於是便產生了一幅新的風俗畫—送財神。

　　每逢初五之日，貧民乞丐三五結夥，戴起面具，扮成財神班底，號稱「送財神」，也叫「跳財神」。

　　「送財神」的班子挨家挨戶，逐店逐鋪地「送財神」上門，主人須當場送上錢幣酬謝，否則「送財神」就變成趕財神了，他在你家門口或店鋪前鬧個不停，徒惹圍觀者哂笑，倒不如破費一點，快把這班「活財神」送走完事。

　　窮光蛋扮活財神，搶財神變送財神，這出充滿諷刺意味的街頭鬧劇，稀里糊塗地為迎財神習俗增添了不少額外的情趣。

　　近年來結夥跳財神的景像已不多見，取而代之的是單獨行動，他們不聲不響走到門前，拿張背面有膠的紅色財神紙往門板上一貼，隨即伸手討錢，可見其時進俗易、推陳出新。

送窮的歲時風俗

　　正月「送窮」，是中國古代民間一種很有特色的歲時風俗。其意就是

金輪如意·通海紙馬

財神·楊家埠年畫

祭送窮神。窮神，又稱「窮子」。
送窮，自然有迎財的寓意，也是組
成財神民俗文化的一部分。

金輪如意‧通海紙馬

關於送窮的日期，有幾種說法。

一說見《歲時廣記》引《歲時
雜記》說，是在人日（正月初七）
前一天，即正月初六。

二說見《歲時廣記》卷十三引
《圖經》說：「池陽風俗，以正月二十九日為窮九日，掃除屋室塵穢，
投之水中，謂之送窮。」

三說破五送窮出門。即正月初五，民間謂之「破五」。

四說在晦日，即正月的最後一天。據《文宗備問》稱，窮神本死於
正月晦日。

唐代就是於正月最後一天送窮。韓愈〈送窮文〉中說：「三揖窮神
而告之曰：『聞子行有日矣……我有資送之恩，子等有意于行乎？』」
結柳作車，縛草為船，送窮鬼去故就新。雖是戲筆，卻也反映了當時的
風俗。韓愈〈送窮文〉中是說，送窮時既要為窮神準備象徵性的車船，
還要給窮神帶上乾糧。

據宋陳元靚《歲時廣記》卷十三
引《文宗備問》記載：昔顓帝時，宮
中生一子，性不著完衣……宮中號為
窮子。其後以正月晦日死，宮人葬之，
相謂曰今日送卻窮子也。

顓頊為傳說遠古五帝之一，
是黃帝之孫。依此說來，送窮來歷
久遠。

送窮風俗的儀式，據《歲時廣記》
卷九引《歲時雜記》記載：「人日前
一日，掃聚糞帚，人未行時，以煎餅

招財進寶‧北城剪紙

七枚覆其上，棄之通衢，以送窮。」

唐詩人姚合還寫有詩《晦日送窮三首》，其中第一首云：「年年到此日，瀝酒拜街中。萬戶千門看，無人不送窮。」

從最後兩句可以窺見送窮風俗在當時已相當普遍，送窮的日子雖各有異，但都是安排在正月新春進行。

宋以後，送窮風俗依然流行。清人俞曲園《茶香室三鈔·送窮鬼》錄前朝人的詞有：「奉勸郎君、小娘子，空去送窮鬼。」

送窮送到哪裡去？大門為界，門裡不要它，掃地出門，把它送到門外去。「元旦日，家內不令掃地，至初五日五更，方掃地下塵土，送出門外，名曰『送窮』」，清康熙年間山西《徐溝縣志》這樣說。「五日早，掃堂宇，委土戶外，曰『送窮』」，河北《欒城縣志》這樣說。「五日，掃除穢土置門外，曰『送窮』」，《趙州志》這樣說。

也有前一天就開始「籌劃」此事的，清代人修《懷來縣志》記錄送窮：「初四日晚，掃室內臥席下土，室女剪紙縛秸，作婦人狀，手握小帚，肩負紙袋，內盛餘糧，置箕內，曰『掃晴娘』，又曰『五窮娘』。昧爽，有沿門呼者，『送出五窮媳婦來』，則啟門送之。」初四製作個「五窮娘」，只待初五清早送出門。

在臨潼，剪出紙人，門外拋掉，算是過了送窮節。

甘肅天水的破五送窮舊

招財進寶·昆明紙馬

俗，早上將垃圾裝在竹編簸箕裡，彎腰端著，為了防止被風吹掉，由房內倒退著走到大門口。如果出大門之前有東西從簸箕裡掉出來，就要回到原處，裝好了，重新退向大門。到大門後，轉過身，一口氣跑到倒垃圾的地方，連同簸箕一併扔掉。

送窮出門，一送是送，門外另加處理也是送。「正月初五日，俗謂之破五。各家用紙製造婦人，身背紙袋，將屋內穢土掃置袋內，送門外燃炮炸之，俗謂之『送五窮』。亦有兒童高唱歌者。」依《張北縣志》所記，送窮出門，還要燃鞭炮，再加上兒童的歌唱，那氣氛正是與「窮」絕交的典禮。

送窮是古風。唐代姚合〈晦日送窮〉詩：「萬戶千門看，無人不送窮」，可入風俗史。

有的地方還有以芭蕉船送窮的做法，可見各地送窮各有各的辦法。

民間廣泛流傳的送窮習俗，反映了中國人民普遍希望辭舊迎新，送走舊日貧窮困苦，迎接新一年美好生活的傳統心理。

送窮的目的是求財變富，因此有大量的財神年畫和祈財年畫，卻很少見到窮神年畫，可能就算有窮神年畫，也沒有人家願意貼用，因為富人最害怕變成窮人，窮人則一心竭力要擺脫窮的境遇。

4

正財神
趙公明

民間所崇信的財神眾多，直到明朝，財神的職司才被固定在一個或者幾個神的身上，其中趙公明、關公、范蠡、比干地位最高，被稱為四大財神，最終步入道教宮觀的財神殿堂。

財神往往分為文、武財神。中國武財神由古代武官演化而來，如關公，還有趙公明，即所謂「正財神」。文財神由古代的文官演化而來，如比干、范蠡。武財神的地位比文財神要高一等，當文、武財神同時駕到時，作為武財神的關公位於文財神的上面。如武強、高密等地年畫中的「上關下財」，上面就是關公，下面則是文財神。世人奉祀的財神，影響最大的當推趙公明，他是武財神，也是正財神。

趙公明原為瘟神

趙公明又稱趙玄壇、黑虎玄壇、趙元帥、趙公元帥等，他原是道教的護法神之一，道教將其奉為官將神，而民間則據《封神演義》所載，奉其為財神。因為他是元帥、武將打扮，頂盔披甲，著戰袍，所以稱他為武財神。

中國神仙眾多，但能上《辭海》的並不多。趙公明是一個奇特的現象，不僅上了《辭海》，還有詳細介紹：「財神，相傳姓趙名公明，秦時得道於終南山，道教尊為『正一玄壇元帥』。亦稱趙公元帥、趙玄壇，秦時避亂，隱居終南山。其像黑面濃鬚，頭戴鐵冠，手執鐵鞭，坐騎黑虎。故又稱『黑虎玄壇』。傳說能驅雷役電，除瘟禳災，主持公道，求財如意。」

趙公明・桃花塢年畫

《中國大百科全書・宗教》上也有趙公明的詳細介紹：「俗祀財神為趙公明，亦稱趙公元帥，趙玄壇。相傳為終南山人，秦時避亂，隱居終南山。精修得道，能驅雷役電，除瘟剪瘧，去病禳災，買賣求財，使之宜利。神像頭戴鐵冠，一手舉鐵鞭，一手持翹寶，黑面濃鬚，身跨黑虎，全副戎裝。」

「俗以三月十五日為神誕，祀之能令人致富。民間奉祀，或於正月初去財神廟敬祀，或在家迎接財神帖子，或在店堂由人裝扮的財神登門。」

從這些權威詞典中，趙公明似乎成了全能的神，可見其在中國諸神中的地位。但這位財神大人，卻有瘟神的經歷。

據傳，趙公明是玉帝派下來監督小鬼勾人靈魂的將軍之一，南朝梁陶弘景早在他的《真誥》裡就說趙公明是「土下冢中王氣五方諸神」。可見，在魏晉南北朝的時候，趙公明已經很時興，不過當時他只是一個冥府之神。

民間關於趙公明的傳說，由來已久。在晉代干寶的《搜神記》中，趙公明為專取人性命的冥神之一，是專替玉帝勾取人命的鬼將。晉朝戰亂年代，人的生命時刻受到戰爭威脅，因為那樣的社會背景，才會委屈趙公明專司索命。

南朝梁時期，陶弘景《真誥》中記述，趙公明為致人疾病的瘟神。趙公明司土冢中事，勾魂索命，或是瘟神。戰亂年代，瘟疫流行。趙公明職責隨之增加並轉移。

隋唐時期，《三教源流搜神大全》上記錄了趙公明的身世，說他是秦時人，因避秦亂而到終南山精修方術。功成而奉玉帝旨詔，任神霄副帥。

但隋唐時期，趙公

五鬼使者・清年畫粉本

明依然聲名狼藉。《三教源流搜神大全》載「昔隋文帝開皇十一年六月，內有五力士現於凌空三五丈，於身披五色袍，各執一物，一人執杓子并罐子，一人執皮袋并劍，一人執扇，一人執鎚，一人執火壺。」

文帝問太史居仁他們是何方神聖？主管哪些災福？

張居仁奏曰：「此是五方力士，在天上為五鬼，在地為五瘟，名曰春瘟張元伯、夏瘟劉元達、秋瘟趙公明、冬瘟鐘仕貴、總管中瘟史文業，如現之者主國民有瘟疫之疾。」

文帝問：「何以治之而得免矣？」

張居仁答曰：「此行病乃天之降疾，無法而治。」

於是那年許多百姓死於瘟疫。是時，文帝只好下令立祠，於六月二十七日詔封五方力士為將軍。

趙公明的瘟鬼性格到了《列仙全傳》中就更為具體了，只是他又從五方瘟鬼之一變成了八部鬼帥之一。

元明時有八部鬼帥之說，各領鬼兵億萬數，周行於人間。劉元達領鬼兵施雜病，張元伯領鬼行瘟疫，趙公明領鬼對人間施以痢疾，鐘子季（鐘仕貴）對人間施以瘡腫，史文業行寒疾，范巨卿行酸瘧，姚公行五毒，李公仲行狂魅赤眼，給人間降下許多災禍疾病，奪走了

五瘟使者・清年畫粉本

刀兵五鬼・通海紙馬

刀兵五鬼・玉溪紙馬

五鬼之神・大理紙馬

五鬼之神・下關紙馬

五鬼之神・南澗紙馬

萬民性命，枉夭無數。

《封神演義》有一個〈楊任大破瘟　陣〉的著名情節，楊家埠有一幅年畫特別表現了這一場面，儘管趙公明沒有置身其中，但這一年畫說明了趙公明時代瘟疫的流行和重要。

五鬼之神・彌渡紙馬

從瘟神到財神

趙公明不是平白無故冒出來的，據說早在殷商時代就已修道成仙。他曾渾身充滿邪氣、鬼氣和瘟氣。

直到《封神演義》問世，趙公明才不再像昔日那樣渾身充滿邪氣、鬼氣和瘟氣。

《封神演義》為趙公明登上財神的寶座大造輿論。姜子牙輔佐武王伐紂，趙公明跑下終南山管閒事，站在商紂一邊對抗義師，糊裡糊塗助商紂。在戰場上不經意丟失了縛龍的繩子和

五路刀兵・彌渡紙馬

瘟司・騰沖紙馬　　　　　　　楊任大破瘟癀陣・楊家埠年畫

定海的珠子兩件寶貝，因無力奪回，只得拍馬落荒而歸商紂營寨。

　　姜子牙束稻草人，把它作為趙公明的替身，劍刺、焚符、唸咒，終於使趙公明氣絕身亡。

　　姜子牙沒有排除異己，他奉元始天尊之命按玉符金冊封神，在敕封陣亡忠魂時，封趙公明為「金龍如意正一龍虎玄壇真君」，職責是專司金銀財寶，迎祥納福。

　　一道遊魂被敕封為專管迎福納祥的真神，率領招寶天尊蕭升，納珍天尊曹寶，招財使者陳九公，利市仙官姚邇益，統管人間一切財富，四個部下職責都與財有關。

　　從此，趙公明開始掌管天下財富，做了財神爺。《封神演義》一掃趙公明身上的鬼氣、瘟氣，給趙公明注入滿身神氣，原因是明代經濟發展，作坊出現，創造財富和積累財富成為人們的普遍追求。

　　趙公明司財，能使人宜利和

趙公明・高密年畫

趙公明‧清

財神‧通海紙馬

合，發家致富，這正符合世人求財的願望，所以民間廣泛敬祀趙公明，而他原來作為冥神、瘟神、鬼帥的面目也被日漸淡忘了。

成為財神後的趙公明，以一位經商奇才的面目出現在世人眼前。他的經商理念以信用為本，以聰穎勤勞而聚財有方；以經營得當，管理嚴密而理財有道；以慈善愛民、仗義濟困和疏財愛國而用財有義。

財神老爺‧玉溪紙馬

於是，古人在感悟趙公明的財富文化時，將趙公明逐步神化。

從瘟神到財神，再到萬能的神，可見中國傳統文化中有一種可怕的崇惡心理。當惡不可抵抗時，不僅與惡同流，認可其惡的合理性，而且還要將其奉為神來崇拜。

趙公明的形象演變

晉代干寶的《搜神記》中，財神趙公明的形象描寫只是初步勾勒，而成為後世的底本。

南朝齊梁間道士陶弘景纂集的《真誥》書中，對趙公明的形象、事蹟和職責略有擴展。

隋唐時成書的《三教源流搜神大全》中，對趙公明的形象有所豐富。書中描寫趙公明得道於終南山，被尊為道家大神，屬威猛將吏。後被授正一玄壇元帥，能驅雷役電於宇宙。」

　　我們現在所見的趙公明，在民間繪畫中的形象主要是根據《三教源流搜神大全》記載而來。

　　該書中的趙公明，面黑色似鍋底，手執鋼鞭，身騎黑虎，頭戴鐵冠，手持鋼鞭，飄長鬚，威風凜凜，被授予正一玄壇元帥，協調著人間的一切事務，諸如訟冤伸抑買賣公平、呼風喚雨、剪瘟除妖等。

　　因神通廣大，他被擢升為正一玄壇飛虎金輪執法趙元帥。舊時年畫中，趙公明的形象面目猙獰，因此人們又稱其為武財神。

　　在《三教搜神大全》的記載中，趙公明神異多能，變化無窮，能夠驅雷役電，喚雨呼風，降瘟剪瘧，保命解災。故人稱「元帥之功莫大焉」。

　　元代成書的《武王伐紂平話》，勾畫了趙公明神話傳說的基本輪廓。

　　明代編纂的《道藏》譜錄和紀傳類中，收錄許多趙公明的資料。而明代成書的《封神演義》中，描寫趙公明的故事強化和充實了趙公明的形象。

　　趙公明是到明代才開始改變面目。《歷代神仙通鑑》卷九說，趙公明原是終南山人，秦時避亂修行，功成被玉帝封為「神霄副師」，

趙公明‧綿竹年畫

頭戴鐵盔，執鐵鞭，面色黝黑，身跨老虎，並被封為「正一玄壇元帥」，司職為張天師守護仙爐，永鎮龍虎名山。他可驅雷役電，制止瘟疫，是一善神，誰想買賣求財，他能幫忙贏利調和。

財神・玉溪紙馬

經過《封神演義》的宣傳，手下又有了招寶等四天尊，遂成了名副其實的財神。明代以後，民間開始修建財神廟，常年供奉，成為一種風俗。

清代顧張思在《風土錄》一書中說：財神又稱趙公元帥，姓趙名朗字公明，秦時得道終南山，被道教奉為財神。

清代無名氏寫有傳奇小說《黃河陣》，進一步豐富和展開了有關趙公明的故事情節和細節。清乾隆十四年編修的《周至縣志・古蹟》記載：「財神趙公明，趙大村人，村中有趙公明廟。」此後歷代縣誌均有記載。

詩歌中也有歌唱和描寫趙公明的作品。如清乾隆初年周至縣的縣令鄒儒寫有〈詢趙公元帥墓〉一詩：「飛鳥春行過趙村，低徊往事悄無言。周時碑誤稱秦代，廟貌人訛說墓門。何處有壇留故跡，誰曾見虎擾平原。」

在《毛澤東選集・中國社會各階級的分析》一文中說：「這種人發財觀念極重，對趙公元帥禮拜最勤。」第十頁註釋說趙公元帥是中國民間傳說的財神，叫趙公明。

《魯迅全集》中也有關於趙公明的議論。可見趙公明在文學藝術中的形象影響深遠。

在民間，趙公明也有很多形象，如神霄玉府大都督、五方巡察使、九州社令大提點、三界大都督、應元昭烈侯等。

財神趙公明一旦出現，其形象到處開花，不僅在家庭和廟堂中張掛，而且在各種印刷品上出現，甚至其畫像在老鈔票上也有出現。

如開辦於清光緒二十三年（1897年）的中國通商銀行，是我國第一家華商銀行。該行自光緒三十年（1904年）起，在所發行的伍元、拾元、

伍拾元鈔票上，便加印了民間喜聞樂見的文財神圖案，為全國鈔票上出現財神圖案之始。

後來雖然多次改版，這位左手執玉如意、右手捧金銀元寶的增福財神始終保留，成了該行的固定行標，十分醒目。以致後來許多錢莊票的圖案，亦紛紛將此財神像借用，廣為流傳。至今，在一些代金券和商業廣告上，仍常常可見其形象。

趙公明的出生地

在陝西民間有一種說法，趙公明於秦代出生在趙大村。傳說出生時在三月十五日黃昏後天將黑時。趙公明，姓趙名朗，亦稱玄朗，字公明。

趙公明家境貧寒，年輕時為木材商打工，力大技精。他為人誠實守信，仗義勇為，深得工友信任。木材商十分讚賞，多次獎勵。

趙公明攢下錢財以後，又借貸工友的錢款，憑著勇氣膽識和誠信，自任木商，進行經營。趙公明目光遠大，胸懷寬廣，客戶自然信賴他，爭著和趙公明做生意。

趙公明積累了巨額財富，有人借了他百金做生意，不料想遭遇天災虧了本，一時無力償還債務。趙公明僅僅讓其還了一雙筷子，抵消所欠的債賬，為富行仁，義利雙收。

趙公明不但賙濟貧困，出手大方，而且資助國家的軍事行動，親自參軍打仗，十分勇敢。

趙公明一邊經營商業，一邊到終南山樓觀拜訪道家學者，精研道理修得正道。趙公明馴養了一隻曾經騷擾平原百姓的黑色老虎，人們視為奇蹟，稱為趙公明的黑虎坐騎。趙公明講信用、扶貧助困、學道修行、和美處事、善於隱諱。集眾多美德於一身，後人才將趙公明敬為財神。

趙公明隱居得道於終南山，可見唐朝天寶六年（747 年）七月十五日建立的〈玄元靈應頌〉碑上記：「終南之北洞真境，關令尹喜宅茲嶺。」

唐朝貞元十二年（796 年），周至縣令裴均，在縣城修建了富麗堂皇的終南山祠，請大文學家柳宗元做了《終南山祠記》的文章。後來代代祭祀終南山，因為古文獻和古詩中所說的趙公明在終南山得道。

在趙大村中，有一些關於趙公明的文物，可見證趙公明確為此地人士不虛。

趙大村趙公明廟前，有一通石碑，碑額螭紋，額中篆書〈重修玄壇趙公元帥廟碑記〉，碑文說：「說經台東北焉，尚曰趙大村，舊有玄壇神廟，財神生於斯也。廟不知創自何代，迄今傾圯……趙公明由秦至今……號為黑虎玄壇，上帝嘉其功……」

碑立於明萬曆九年（1581 年）八月十五日，距今 431 年。碑額高零點五公尺，寬零點七三公尺，碑身高一點五一公尺，厚零點一九公尺。碑陰刻有重修時捐資人的住址、姓名和捐資數目。

這通碑石最為重要的文字，首先是「財神生於斯也」。明確記載趙大村是財神趙公明的誕生地。其次記載趙公明是秦代人，還記載道教封趙公明為黑虎玄壇趙公元帥。

財神趙公明廟在趙大村僅有一座，磚石木結構，大門朝北。廟內山牆頂部保存著四處十分完整的三角形壁畫，線條大氣流暢，構圖疏密得當，墨線生動，所畫人物尤見功力，為元代壁畫。

趙大村東有一條小河，蜿蜒曲折，北流入渭，河西有一高阜，阜中有古墓，即為財神趙公明墓。原封土堆十分高大，墓前有一亭，亭前有碑，均毀於二十世紀七〇年代。

可見，趙公明是真有其人。然而，到底是先有其人，才有趙公明的

財神・保山紙馬

財神紙・昆明紙馬

神化傳說呢？還是先有趙公明的神化傳說，才有趙公明其人呢？尚待深入研究。不過，在諸多說法中，似乎是先有趙公明的神化傳說，後來才附麗於其真人身上。

趙公明出生的朝代，有生於商末或秦代兩種說法。

其一說趙公明生活在商末周初，主要有《武王伐紂平話》、《封神演義》、《黃河陣》等小說類，《封神演義》、《七箭書》、《剪梅錄》等戲劇類，還有清朝周至縣令鄒儒等詩作，詩中所稱「周時碑誤稱秦代」，均認為趙公明為周代人。

其二認為趙公明生活在秦代。如《三教源流搜神大全》、明萬曆九年（1581 年）〈重修玄壇趙公元帥廟碑記〉、清代顧張思的《風土錄》、《辭海》、《中國大百科全書‧宗教》等可信度高的權威資料，都主張趙公明生活在秦代。

由於道家學說是在東周末年由老子在終南山樓觀所創立，而在商末周初的趙公明，怎能在終南山修道呢。所以趙公明生活在秦代是符合史實和邏輯的。

趙公明休妻的故事

招財進寶‧玉溪紙馬

民間流傳有財神菩薩趙公明休妻的故事。

從前，財神廟財神身邊總有一位端莊美麗的財神娘娘陪伴。後來這位善良的女菩薩突然不知去向，原來她被財神爺給休掉了。

財神爺趙公明為什麼要休妻呢？這要從一個乞丐說起。

傳說有個討飯的叫化子窮得無路可走，討飯路過一座古廟。進廟後，他什麼菩薩都不拜，單摸到財神爺像前，倒頭便拜，口裡祈求財神爺賜財。

趙公元帥見是一個叫化子，心想連香燭都給不起，還來求財？天下那麼多窮叫化子，我能接濟得過來嗎？

可乞丐心中想的正相反，他認為財神總會救濟窮人，富人不愁吃穿，

求財何用？便不停地拜。這時，財神娘娘動了惻隱之心，想推醒打瞌睡的財神夫君，勸他發善心給這叫化子一點施捨。可財神爺不理睬，打了兩個哈欠又閉上了眼睛。

雖然是財神娘娘，可財權在夫君手上，夫君不點頭，怎麼好將錢賜給叫化子呢？娘娘無奈只得取下自己的耳環，扔給了叫化子。乞丐見是一副金耳環，知道是財神所賜，急忙磕頭，連呼「叩謝財神菩薩」。

財神爺睜眼一看，發覺娘娘竟將自己當年送她的定情物送給了窮叫化子，氣得大發雷霆，將財神娘娘趕下了佛龕。

財神·玉溪紙馬

戲劇中的財神

中國古典戲劇以綜合藝術的特有形式，將財神趙公明的形象，深深印在中華民族的心靈中。依據明代《封神演義》和清代《黃河陣》等傳奇小說創作的財神趙公明戲劇，深得觀眾和戲迷的喜愛。

古代演戲照明的油燈使用食油作燃料，燈捻因易結燈花而燈光暗淡，財神趙公明手持鋼鞭上台，騰躍之中，鋼鞭掃去油燈捻上燈花，火星隨鞭飛濺，而油燈大放光亮卻絲毫不動，功夫了得，稱為武功一絕。

連台大戲《封神演義》上的服裝頭飾，法器寶物，與神話交織在舞蹈化的打鬥中，變幻莫測，成為古典保留劇目，長演不衰。

明清兩朝演出的財神趙公明戲劇，根據 1984 年陝西人民出版社出版的《秦腔劇目初考》，主要有三部。其中《黃河陣》流傳於陝西、甘肅、寧夏、新疆、山西、河南、山東、雲南等地的戲曲之中，流傳最為廣泛。

《剪梅鹿》本戲，別名《七鹿劍》。演周紂交兵，燃燈大戰趙公明於岐山腳下。燃燈不敵趙公明敗逃，遇曹寶、蕭升對弈，藏之於洞中。趙公明追趕到近前，與蕭升激戰。蕭升欲收趙公明法寶，被趙公明打死。燃燈逃走。

《七箭書》本戲，別名《武財神圖》、《黑虎下山》、《祭公明》。演出燃燈道人協助周武王伐紂。殷太師聞仲不勝，請趙公明助之，屢敗周兵。崑崙散仙陸壓助周，以七箭書法，每夜步罡踏斗，箭射草人，趙公明被陸壓用法術七箭射亡。趙公明陰魂不散，奔至封神台大鬧一陣，被鬼卒引去，周武王獲勝。

　　《黃河陣》本戲，別名《九曲黃河陣》、《混元金斗》、《收三霄》。演出趙公明被七箭書射死，申公豹挑唆趙公明的妹妹雲霄、碧霄、瓊霄為其兄報仇。雲霄、碧霄、瓊霄各帶法寶下山，擺下九曲黃河陣，用混元金斗困住十二大仙。道教主、通天教主、截教主、闡教主共同協助周武王作戰，合力破開九曲黃河陣，收伏了雲霄、碧霄、瓊霄。

　　以上三部有關趙公明的本戲，均見於《封神演義》四十七回至五十回，還有清代無名氏所作傳奇《黃河陣》。

　　另外常演的還有「打台戲」，也稱「安神戲」。開台鑼鼓之後，由趙公明上台走台四周，以安各方神靈。財神趙公明是花臉戲，趙公明登

趙公明‧桃花塢年畫　　　　　　　　　燃燈道人‧桃花塢年畫

趙公明與燃道先人・朱仙鎮年畫

台的白口是：「吾黑虎趙天官奔上吉慶台前，大拜賜福。吾當前去開道。」
主要唱《封神演義》的兩段唱詞：「家住周至棗林村，手執鐵索把虎拴。
玉帝爺家親封過，封吾一紙趙玄壇。生吾時天昏地暗，降吾時星斗未全。
生世來神鬼皆怕，修煉在終南（亦為峨嵋）寶山。太師聞仲將吾搬，跨
黑虎離了仙山。到西岐與子牙交戰，七箭書吾命歸天。」

　　財神趙公明最著名的折戲是《黃河陣》本戲中的〈黑虎坐壇〉，亦
稱〈趙公明託夢〉。唱詞主要是：「半空中劈雷響明光閃閃，雲頭上打
坐著黑虎玄壇。纏海鞭撥雲頭往下觀看，我一見三霄妹十指相連。東南
角起黑雲半明半暗，太上爺跨青牛夜過函關。太師聞下西岐鏖兵布戰，
兵不勝羅浮洞來把兄搬。兄下山隨帶著寶貝三件，金蛟剪、定海珠、纏
海鋼鞭。頭一陣殺周兵失魂喪膽，第二陣兄戰敗十二大仙，第三陣殺子
牙聞風逃竄。周營裡門人多法大無邊，楊二郎他憑了七十二變；李哪吒
足蹬上乾坤二圈；雷震子展雙翅空中塵戰；龍鬚虎揭石塊搬倒泰山；金
蛟剪把燃燈梅鹿剪斷；有蕭升和曹寶落寶金錢，海外來陸壓仙身背七箭，
縛草人將為兄祭死岐山。三霄妹念同胞將屍遮掩，你速快下西岐與兄報

冤。正講話引魂幡空中招展，放大聲哭奔在封神台前。」

　　幾段唱詞概括了趙公明的出生、出生地、修道、出山、大戰、戰死、託夢的神話本事，流傳十分廣泛。

趙公明年畫

　　民間年畫中的財神趙公明，皆頂盔披甲，著戰袍，執鞭，黑面濃鬚，形象威猛。周圍常附之聚寶盆、大元寶、寶珠、珊瑚之類，更加強了財源茂盛的效果。

　　年畫中的趙公明形象多取材於神魔小說《封神演義》，具有濃厚的神話色彩，反映闡教與截教鬥法的故事。

　　趙公明與燃燈道人同是《封神演義》小說中的兩位神仙。武王伐紂，姜子牙帳下有個燃燈道人。峨眉山道仙趙公明則站在對立面，助商作戰。

　　一些年畫圖中，是趙公明舉起金蛟剪，正欲斬斷燃燈道人坐騎梅花鹿的戰鬥情景。故事詳見《封神演義》第四十七回。

　　紂王遣聞太師兵伐西歧，聞太師損兵折將，十分痛恨。他請來十位截教道友，擺下十絕陣。

　　為破十絕陣，姜子牙請來闡教十二位道友，燃燈道人接了帥印，連破六陣。聞太師不支，又請道友趙公明助戰。趙公明依靠寶器縛龍索、定海珠連連得勝。

　　燃燈道人在蕭升、曹寶的幫助下收了趙公明的寶貝。趙公明氣沖牛斗，借來金蛟剪把燃燈道人的梅花鹿剪為兩截。燃燈道人只得逃回蘆蓬。

　　陸壓散人討厭趙公明助紂為虐，扶假滅真，在西岐山用釘頭七箭書把趙公明射死。

　　趙公明與燃燈道人在年畫中往

趙公明·桃花塢年畫

往成雙成對出現，是一對門神。然而，趙公明也常常單獨出現，作為財神供奉，是單幅的中堂年畫。

桃花塢、濰縣、朱仙鎮、東昌府等地的年畫中，都有這一對門神。

成為一對門神後，是貼在大門上的兩幅門畫，門神中的趙公明與燃燈道人的形象大多根據封神故事的描寫：左方騎虎揚鞭，手托定海神珠（或元寶）的是趙公明；右方坐騎梅花鹿手托如意，高舉乾坤尺（量天尺）的是燃燈道人。

因二人所騎為虎鹿，又俗稱「虎鹿門神」。

燃燈道人頭上雙鳳戲日，趙公明頭上雙鳳戲月，他二人鬥法時所用定海珠、金蛟剪也表現在門神畫上。

燃燈道人的地位和法力強於元始的十二弟子，但在老子、元始天尊之下。

《西遊記》中有一燃燈古佛，知道阿儺、迦葉發無字經給唐僧，他立即派白雄尊者化為一隻大鵬追上去，撕破經包，使唐僧等人發覺取的是無字經卷。

趙公明與燃燈道人・朱仙鎮年畫

此燃燈古佛應該就是《封神演義》中的燃燈道人，不僅是名字相同，《封神演義》中的燃燈道人收了一隻叫羽翼仙的金翅大鵬雕做自己的門人，這與《西遊記》中的白雄尊者一致，應是燃燈道人入了佛教，成為燃燈古佛。

兩個對頭，為何畫作一對門神？一說是二人鬥法能鎮邪。還有一個說法是燃燈是佛，保佑眾生。趙公明是神，主除瘟剪瘧，保病禳災。道釋兩家的聖人把門護宅，自然安全無恙。

中國傳統哲學講究辯證，講究對立統一，因此選這對人物作門神，使冤家聚首，同守門戶，可謂超脫於恩怨糾纏之上，體現了造神者的胸懷：不論哪方神靈，盡可為我所用。

在傳統年畫的門神中，孫臏與龐涓等門神搭檔，也屬於這種情況，是矛盾中的對立統一哲學觀的影射。

門神年畫中的趙公明，還被尊為月財神，與日春神青帝合稱為「春福」，舊時過年日月二神時常貼在門上。月財神下面，分為輔佐財帛星君和輔佑范蠡兩位正文財神。

趙公明・綿竹年畫

為何趙公明未入史書

趙公明其人其事只在民間廣泛

趙公財神元帥・江西年畫

財神，這樣拜就對了

流傳，而未被史家注意，也未寫入官修史書。究其原因，主要有如下幾點：

一是封建制度下只注重皇家和將相的歷史，忽略或漠視趙公明這樣處於民間的傑出人物。

二是封建社會以農為本，重農抑商的思想，由秦代延續到清代，使伐木工人出身的經商奇才趙公明不為主流社會認可。

三是封建社會流行無商不奸的俗念，上層社會認為經商者的地位低賤。

四是中國封建的生產關係中，自給自足的自然經濟形成超穩定的社會慣性，經商的空間十分狹小，從商者十分有限，使趙公明的經商理念僅僅流傳在民間。

五是封建的正統儒家思想始終處於主導地位，排斥修得正道後被道教封為神仙的財神趙公明文化。

趙公鎮宅·綿竹年畫

然而，儘管史家不寫，廣大民眾認為財富需要保護神，創造財富需要精神偶像和財神引導，所以敬奉趙公明為財神，貼在門上，既有求財心理，又有消災願望。

在台灣，趙公明的財神信仰仍根深蒂固。玄壇真君被尊稱為「寒單爺」（或「寒丹爺」）。有人認為「寒單」是閩南語中「玄壇」或「邯鄲」的音轉。相傳「寒單爺」懼冷，每年正月，台灣有些廟宇就會舉辦「炸寒單」的活動：請人赤裸半身，手持樹枝，扮演「寒單爺」的模樣。而信眾即以鞭炮向他丟擲，以讓「寒單爺」感到溫暖一些，並祈求「寒單爺」的保佑。

如今看來，正史所寫的人物已經湮沒無聞，而民間傳頌信奉的趙公明，其信仰流傳了下來。

5

信義財神
關公

關公，姓關名羽，字雲長，河東解梁寶池裡下馮村人（今山西運城解州）。關公崇拜十分盛行，其廟宇遍布各地。關公幾乎是無所不管的大神，司財只是其神職之一。古人將關公奉為財神，主要原因是推崇他的忠義。以忠義誠信之人為財神，也是在警示世人：君子愛財，取之有道。否則，武財神關公手中那把青龍偃月刀是不會留情的。

　　關公和趙公明一樣，既是武將，也是門神，又被作為財富的象徵，是中國財富信仰的精神偶像。各地幾乎都有表現關公的年畫，關公作為年畫中的重要形象，使用數量遠遠超過了趙公明。

關公的生平

　　關公在中國是一個家喻戶曉、婦孺皆知的人物。關於他的傳說很多，據徐道《歷代神仙通鑑》記載的一種傳說：關公前生本是「解梁老龍」，漢桓帝時，河東連年大旱，老龍憐眾心切，是夜遂興雲霧，汲黃河水施降。玉帝見老龍有違天命，擅取封水，令天曹以法劍斬之，擲頭於地。

　　解縣僧普靜，在溪邊發現龍首，即提到廬中置合缸內，為其誦經咒九日，聞缸中有聲，啟視空無一物，而溪東解梁平村寶池裡關毅家已有嬰兒落地，乳名壽，幼從師學，取名長生，後自名羽，字雲長。

　　關公身材魁壯，青年時練就一身好功夫，為人抱打不平，俠義心腸。關帝在歷史上是一位忠貞不二、義薄雲天的英雄，他的成名與中國人的傳統觀念分不

上關下財・武強年畫

開，是江湖義氣的典範，是人們心目中崇拜的偶像。

據《三國演義》記載，關公因惡豪在原籍倚勢凌人，遂殺惡豪後奔走江湖。東漢末年，與劉備、張飛「桃園結義」，誓共生死，同起義兵，爭雄天下。建安五年，曹操出兵大敗劉備。

劉備投靠袁紹。曹操擒住了關公，看中關公的為人忠義，拜為偏將軍。後來曹操察覺關公心神無久留之意，便用大量金銀珠寶、高官、美女來收買，但關公絲毫不為錢財名利所動。當關公得知劉備在袁紹處，立即封金掛印，過五關斬六將去尋劉備。

上關下財・高密年畫（清）

劉備自立為漢中王，封關公為五虎大將之首將。曹操得知大怒，與司馬懿設計，聯合孫權共取荊州。劉備拜關公為「前將軍」，都督荊襄郡事，令取樊城。

關公分荊州之兵攻取樊城，不幸中呂蒙計，痛失荊州，夜走麥城，兵敗被擒，不屈而亡。

關公死後，其忠義事蹟被宣揚流傳，而為佛、道、儒三門所崇信，歷代皆建廟加封職銜，因此具有司命祿、治病除災、驅邪辟惡、庇護百姓等功能，而商賈因為敬仰關帝的忠信之心，大多也奉祀關帝。

明清時代，關公極顯，有「武王」、「武聖人」之尊，由此關公被世人附會成具有司命祿、估科舉、治病除災、驅邪避惡等「全能」法力，民間各行各業對「萬能之神」關帝頂禮膜拜。人們之所以奉關公為財神，大概是因為關公不為金銀財寶所動，與世間一些貪利忘義之徒大不相同。

近代以來，越來越多的人把關公當作全能的保護神、行業神和財神，《民間新年神像圖畫展覽會》的作者說：「關公被人視為武神、財神及保護商賈之神。人遇有爭執時，求彼之明見決斷。旱時人們又向彼求雨，又可求病人藥方，被人視為驅逐惡鬼凶神之最有力者。」

世人尤其是商賈們都敬佩關公的忠誠和信義，希望關公作為他們發財致富的守護神。另外，人們希望商賈堅守誠信進行交易，把關公奉為公正人，來維護傳統的道德秩序。

那麼，一代名將關公是如何成為財神的呢？

關公的神話過程

在關公成為財神的演變過程中，他是先王後財，榮登神位而後成為財神的。

西晉陳壽的《三國志》描寫，關公是個亂世英雄，長著一臉絡腮鬍鬚，作戰勇猛。他與劉備「誓以共死」，不買曹操的賬，「盡封其所賜，拜書告辭」，後因荊州戰事失利，死於現在的湖北安遠（一說當陽）一帶。

馬上提刀門神・武強年畫

關公的一生中，被封過兩次，一是在為曹操斬顏良後被封為「漢壽亭侯」，還有一次是在死後被蜀國追諡為「壯繆侯」，但當時所有的史料都沒涉及他是神。一部《三國演義》將關公塑造成大忠大義之人，令其聲望日盛，乃至使關公從一個忠義的勇士，搖身一變成為人們求財的保護神。

義勇關公·高密年畫

關公如何成為財神的呢？說來話長。關公大意失荊州，失去的不僅是蜀國的要塞，還失去了他自身寶貴的生命。關公死後，吳國將他的首級割下送給曹操，妄圖使用反間計，結果被曹操識破。

曹操將關公的首級厚葬，卻沒有想到讓他屍首合一，結果，關公死後身首異處，便在陰間陰魂不散，在荊州大地成為厲鬼。

關公的陰魂在荊州大地徘徊了三百多年，常常對天長號：還我頭來。

有一天（據說是公元591年的某一天），埋葬關公屍身的荊州玉泉山上來了一個和尚，他就是佛教天台宗的開山之祖智者大師。

他打算在這裡建造寺廟弘揚佛法，但山頂是一片積水深潭，無法施工。智者大師知道埋在這裡的關公能幫助他，但關公此時仍對自己

銅陵帝君山西夫子·東山年畫

083

的慘死耿耿於懷，不願出手相助。

智者大師就點化他：你過五關斬六將殺了這麼多人，誰來還他們的頭呢？於是關公大徹大悟，皈依佛門成為護法神，並同意獻上玉泉山給智者建廟。

傳說，關公顯聖帶領兵將劈開高山，填滿深潭，運來木材，七天七夜建起了玉泉寺。

此傳說的流行在隋唐之前，不僅僅是傳說，史書上也有確鑿記載。唐代《重修玉泉關廟記》記述了關公幫助隋代智者大師興建玉泉寺的傳說，說關公「生為英賢，歿為神靈……邦之興廢，歲之豐荒，於是乎系。」（《全唐文》卷六八四）

從此，關公開始被「神化」，由原來的厲鬼第一次作為正神的形象進入佛教殿堂，成為佛門的護法神。

此時正處於隋朝時期。由鬼成神，關公完成了成神路上的關鍵一步。關公是先成為神，再成為王、帝、聖，最終成為財神的。成神，是他邁向財神的第一步。

玉帝封為財神

關公是如何成為財神，有許多傳說版本，其中一說是玉帝封為財神。

這一傳說，與玉泉山給智者建廟傳說的開頭類似，似乎是其翻版，但後面則有所演變。

傳說關公在羅漢峪遭孫權所害後，關公頭枕河南洛陽，身居湖北當陽後，幽魂不散，蕩蕩悠悠來到玉泉山。

此夜月白風清，三更過後，老僧普淨正在庵中默坐，忽聽空中有人長呼：「還我頭來！」

上關下財・武強年畫

普淨仰面諦視，見空中一將，騎赤兔馬，提青龍刀，緩緩按落雲頭，來到近前。普淨識得關公，一擺手中拂塵：「今將軍為呂蒙所害，大呼『還我頭來』，然顏良、文醜、五關六將等人之頭，又將向誰索要？將軍死後猶存，舉國懷念，諸侯傾慕，百姓香祭，步列神壇，難道會因私憤而忘大義不成？」關公恍然頓悟，就此稽首皈依。

後來，關公常來玉泉山顯聖護民，行俠仗義，百姓感念其德，就在山上建關公廟，時常祭拜。

關公因胸懷中對東吳的惡氣未淨，不時有舊部冤魂需要照料，就滯留於此。後來，周倉、關平等漸漸歸來，關公思念劉備，又怕部屬騷擾民間，就帶著眾將，去西蜀看望劉備，然後徑奔洛陽而來。

一天，來到一個名叫封河屯的地帶。看見一個白胖的財主正在自家的堂屋拜祭財神。財主口中唸唸有詞：「多謝財神保佑，讓我再多發橫財……。」

來到一座破廟，關公一行信步來到門口，卻望見富態的財神來到關公面前：「小神給關帝請安了！」

關公責問他：「你掌管人間財富，何以窮富不均？」

關公‧武強年畫

協天大帝‧朱仙鎮年畫

財神笑嘻嘻地回答：「人間窮富本是天條，黃金定律實非小神所能左右。世人求財多是隨遇而安，其中執著者甚少，窮富因果也是人心所應，萬萬怨不得小神。」

財神窺見關公聽著聽著鳳眼怒睜，急忙打個圓場：「要不，我陪君侯去見見玉帝，說個明白？」

關公翻身跨上赤兔馬，和財神騰雲駕霧來到天宮。財神帶著關公徑直來到靈霄寶殿要見玉帝。倆人遙望玉帝禮拜之後，財神說明來意。玉簾後的玉帝微微一笑：「關公忠義，實屬我朝眾神典範。既然你還掛記凡塵，朕就特許你下凡和

關公·佛山年畫

財神共掌人間財富。只是那窮富比例，全在人間心中。這個，你做了財神就明白了。」

回去的路上關公問財神：「我又不懂撒播財富的細節，如何同你盡責？」

財神說：「你只管行俠仗義，打抱不平，其他的就由我來操勞，你看如何？」關公點頭稱是。

說完倆人分手告別，關公尋著關平和周倉，就在人間懲惡揚善，奪富人不義之財，救窮人於危難之間。

解決宋朝國庫收入問題

關公成為財神更關鍵的一步在宋代。他的「義勇武安王」就是宋代的封號，而給他這一封號的原因，據說就是因為他解決了宋朝國庫六分之一的收入問題。能給國家帶來如此巨大數量的國庫收入，稱其為財神

當然是名至而實歸了。

　　早在唐朝，作為古代名將，又加之本身的佛門護法神身份，關公作為當時武聖人姜子牙的陪祀，第一次躋身到國家級祭祀的行列。

　　但到趙匡胤建立北宋時，關公卻被擠出了國家祭祀的行列，不得不進入民間。

　　一到民間，他就受到廣泛的同情和歡迎，那時的說書人已經將三國故事說得風生水起，人物的性情相貌、忠奸善惡已經基本定型。關公的忠義更成為人們崇拜的精神力量，但這只奠定他為綠林好漢供奉、祭拜的基礎，尚未成為財神。

　　宋徽宗時期，在山西解州，一個占全國總稅收收入六分之一的鹽池突然乾涸了。

　　解州是關公的老家，自古就是中原主要的食鹽產地，解州鹽池因而堪稱大宋朝的金庫。鹽池突然乾涸，八年不產一粒鹽，這可急壞了宋徽宗。

　　崇奉道教的宋徽宗吉人天相，就在他愁眉不展的時候，來了個自告奮勇者，說是可以用法力讓解州產鹽，宋徽宗一看，來人原來是龍虎山天師道掌門人張繼先張天師。

　　張天師請來關公，大戰七日。仗打完了，蚩尤被制伏了，鹽池果然又開始產鹽了。宋徽宗非常高興，為了表彰關公，他以自己的年號「崇寧」為封號，以道教的「真君」為神職，敕封關公為「崇寧真君」，第一次為關公增添了道家的神仙色彩。

　　之後，宋徽宗連續三次追封關公，最後一次的封號是「義勇武安王」。這個王的爵位超越了他過去所有的封號，關公從生前的亭侯，

關公·佛山年畫

榮登王位，奠定之後成為財神的重要基礎。

　　關公解決了宋徽宗國家財政六分之一的虧損問題，自然就成了可以帶來滾滾財源的財神。

關公的財神路

　　商人選擇關公當財神，看重的是他的忠義形象和懲惡揚善、愛民護民的萬能神格，他們希望關公能保護他們的身家性命和財產安全。

　　關公在各地年畫被奉為財神的同時，也被作為門神題材，如湖南灘頭年畫，有一門神就是表現關公的。並且專門銷往廣東，因為廣東有尊崇關公的習慣。

　　不僅中國廣東，在香港、澳門以及印度尼西亞、馬來西亞、菲律賓、新加坡等華人、華僑集中經商的地方，幾乎各大公司、商號、店舖均敬奉有關公的神像，商家視關公為招財進寶、庇護商賈的財神。

　　分析關公的財神之路，可以看出一個四級跳的清晰脈絡。

　　第一跳是隋朝由鬼成神，第二跳是宋朝成為義勇武安王，第三跳是明

立刀門神・武強年畫

朝被尊為武聖從而成為武財神，第
四跳是清朝財神信仰達到鼎盛。

從元到明到清，關公形象又經
歷了幾百年的風雨滄桑，但在成神
的路上越來越神，伴隨《三國演義》
這部小說，完成了神的演變，並日
益擴大影響。

到了明朝末年，關公正式取代過
去武聖人姜太公的位置，成為中國第
二任武聖，與文聖孔子平起平坐。

至清朝，關公又由武聖澈底演
變成財神的形象，關財神信仰達到
鼎盛，民國時期仍十分盛行。隨著
商品經濟的發展，各地皆有境外客
商雲集，其中徽商、晉商更是獨領
風騷，數量多且分布廣。

為何關公的財神信仰到清代達
到鼎盛呢？這裡有如下原因：

一是因為清代關公的名聲和封
號都雙雙達到了登峰造極的地步。

據史載，關公蜀漢時封前將
軍、漢壽亭侯。關公封地為劉蜀漢
壽地，在今四川境內。亭侯為漢代
五侯中爵位最低者。

唐代時，關公在民間被人們稱
之為「關三郎」。「關三郎」是做
什麼的呢？其任務只是監督寺廟裡
的和尚而已。

宋代，人們對關公的關注表現

立刀門神‧夾江年畫

立刀門神‧夾江年畫

089

在修建關王廟上，關王廟在當時慢慢成為一道風景。在明代萬曆年間，關公得到了道教的最高封號「三界伏魔大帝神威遠鎮天尊關聖帝君」。到了清代，「凡通衢大道以至窮鄉僻壤，無地無之」，建關王廟之風，有增無減，關公成為各行各業的保護神。

也許覺得這樣對關公還不夠重視，於是人們又讓關公再司「財神」一職。

到光緒五年（1879 年），關公的封號長達二十四個字，被封為「忠義神武靈佑神勇威顯保民精誠綏靖翊贊宣德關聖大帝」，曠古未有，令人驚嘆。

協天大帝・平度年畫

朝廷的統治者如此熱心，自然也會影響到老百姓的熱情，老百姓對「精誠綏靖翊贊宣德」之類的字眼不感興趣，老百姓關心的是過更好的日子，得到更多的財富，因此，清朝皇帝的封號在老百姓這裡演變成了實實在在的財神形象。

二是因為清代商業繁榮，人們需要商業保護神。

需求產生信仰，關公的角色之所以在清朝發生了改變，與康熙、乾隆時期十分繁榮的民間商業活動有很大的關係。

當時，各行各業都借「三國」之事奉關公為其行業神。如相傳關公年輕時曾賣過豆腐，豆腐業也就借此供奉關公為豆腐業的神了；燭業則因關公秉燭達旦，恪守叔嫂之禮，而奉其為神；更有趣的是理髮業、屠宰業、刀剪鋪業，因為他們的工具都是刀，而關公的兵器就是青龍大刀，也把關公奉為了神。

三是民間傳說的推波助瀾。

關公是財神的民間傳說在清代紛紛揚揚，為關公財神信仰達到鼎盛起到了推波助瀾的作用。

傳說，曾是秦朝第一商業大亨的呂不韋現身人間，點破了關公撥化財富的天機，於是世人逐漸將關公信奉為財神爺，逢年過節不忘拜祭。

清代武財神關公的年畫大量流行，這些關公作為財神的年畫都是民間年畫藝人製作的，對關公財神信仰也起到了形象可感可觸的作用。關公財神年畫通常貼在房屋大堂正中的北牆上，處於家中最重要的位置。

協天官・佛山年畫

四是商會和會館成為關公財神信仰的大本營。

清代商會和會館盛行，聚於一地的同籍客商多以成立商會和建立會館的方式相聯絡，為其自身利益服務。各地商會敬奉的主神便是關公，會館建築的格局則完全仿照關帝廟的式樣。

商人拜關公所表達的是追求「以義致利」和講求誠信的商業倫理。關公並不僅僅屬於一個行業，也不只有一個身份，只是在商人眼裡關公就是財神的化身。

協天官・佛山年畫

關公當財神的原因

關公當財神不是偶然的，而是出於多種原因和理由，這些原因和理由有些源於傳說，有些源於民俗，有些源於古代典籍，這些都深化了關公的財神形象。

具體分析，關公當財神的原因和理由大致如下。

一是說關公生前十分善於理財，長於會計業務，曾設筆記法，發明日清簿，將賬目記得清楚明白。

商家供奉關帝始於明代。傳說關公掛印封金之時，將曹操所贈金銀布帛悉數留下，還附上一本詳細的原、收、出、存賬冊，即日清簿，也就是現今一般商人使用的流水賬。

這種計算方法設有原、收、出、存四項，非常詳明清楚，被後世商人公認為會計專才，所以奉為財神和商業神。

商人以賬簿為關公所創而奉關公，敬奉方式不獨稱關公為財神，還稱他為關聖帝君、關公、關老爺、關帝爺、帝君、帝君爺、武聖、武聖帝君、文衡聖帝、關夫子、

關公·濰縣年畫

上關下財·聊城年畫

帝爺公、崇聖真君、協天大帝、
三界伏魔大帝、關恩公、恩主公、
關壯繆等。

從這些稱呼來看，又和其他人
敬關公是一樣的。這一點，可見關
公與其他財神都有所不同，他作為
財神，是超越財神之上的財神。

二是因為商人談生意做買賣，
最重義氣和信用，關公信義俱全，
追求公平，故尊奉之。

因關公以信義為本，公平公
正，又設計了簡明日清的簿記法，
商人們為了確保相互信賴，請一位
尊神來做監護，十分必要，關公因
公平公正所以被尊為財神。

上關下財・民國

關公的義不負心形成了以仁
義、公正為核心的商品交易準則，形成了義中求財的商品交易道德，並
因此成為關帝文化的重要內容。

三是因為傳說關公逝後真神常回助戰，助人取得勝利。

傳說關公死後真神常回到人間助戰，商人在生意受挫後若能得到關
公相助，就會東山再起。所以生意受挫的商人都希望有朝一日能像關公
一樣，來日東山再起，爭取最後成功。

四是道教職系排列中，關公被規定為財神。

這是關公成為財神的宗教原因，在道教中，關公具有「司命祿，庇
護商賈，招財進寶」的能力和職責，又因其忠義，便被更多人樂於接受
為財神。

五是晉商為關財神造勢。

關公成為財神，與古代山西商人有很大關係，與他們的需求分不開。

明清時期，富甲天下的晉商把關公作為出門在外的保護神，在他們遍

布全國的山陝會館或山西會館裡建築關廟，希望關公能夠保佑他們平安。

晉商們因為遊走天下，闖蕩江湖，需要彼此照應，共同面對困難，因此就經常仿照關公桃園結義，結成異姓兄弟聯盟，並將關公的忠誠和義氣美德廣為流傳。

因為晉商在商業上的成功，富甲天下，於是其他各地的生意人也紛紛效仿，越來越相信關公是一位能夠保佑財源廣進的財富之神。

六是哥老會、青紅幫等商人保護者都敬關公，人們自然把關公當成了最高財神。

將關公作為財神的信仰在清代被各行各業所接受，頂禮膜拜最盛。近代江湖上的哥老會、青紅幫特別敬祀關帝，且江湖上結義弟兄，亦必於關帝像前頂禮膜拜，焚表立誓，以守信義。

哥老會、青紅幫也充當商人和商舖的保護傘，收取「保護費」，由於他們都敬關公，商人們自然把關公當成最高的財神了。

七是追求誠信的商業倫理需求。

關公變成財神形象，最本質的原因是源於追求一種商業倫理的需要。

在做生意的過程中需要誠信，而忠信其實就是誠信。關公最初的形象是對劉備君主的忠義。忠義關係可以用於不同社會關係的處理，行業之間和行業內部的交往關係也可以通過忠義這種原則來處理，一諾千金的關公形象轉變為一種行業的道德形象，甚至成為一個行業的

上關下財・民國

行規，最後變成能帶來財運的象徵。

直至今天，關公仍是公認的財神，關公作為武財神的地位已經非常穩固，並大大掩蓋了其他財神的光芒，獨耀一方，威風凜凜。因為中國人認為，只有講誠信，將倫理道德的關係處理好，才能得到財富，主張採取正當的手段，強調好人有好報，關公作為財神形象其實體現了倫理道德的追求。

在民間年畫中，我們常看到「上關下財」的年畫，關公在財神的上面，正說明了義比利高的民族心理。

八是財神信仰自身具有傳承不息的生命力。

觀音關公財神・南通年畫

關公的財神信仰流傳至今，一些酒樓飯店，仍供關公財神，許多商家店舖，往往也擺著關公的香壇。在林林總總的商店、餐館裡，各式關公像前總是香火繚繞，經商的人們都祈望討得財源滾滾，四季平安。

如今，大量私營企業也請出關公這位尊神作為心理依託，期望能保佑自己生意興隆，常交好運。記得有一篇報導描述，位於山西運城火車站廣場西側的「關公大酒店」是一家由私人投資開辦的綜合性住宿餐飲酒店，總經理張小別與關公同鄉，他不僅以關公為大酒店的名稱，還在接待大廳特設裝飾精美的神龕，內置關公全身沉香木雕像。除關公祭日、傳統節日在神龕前擺設供品，虔誠乞靈外，每日酒店開門，都要由保安、門衛向關公神像上香行禮，天天如此，從不間斷。

這表現出了古代關公財神信仰風俗在當代的延續，也說明了關公財神信仰文化深入到了一個民族的骨髓，具有不滅的生命力。

6

公正財神
比干

文財神主要有比干、范蠡、文昌帝君等，這些財神都善於發財，且樂於施財，均有招財進寶之意，所以受到世人的崇拜和喜愛，也稱為「財帛星君」、「增福財神」等。

比干是文財神之一，且是最重要的文財神。比干是商紂王的叔父，為人剛直不阿，見紂王荒淫殘暴、殺人取樂，常加以勸諫。有一次，比干強諫，在朝廷中連站三天不動，非要紂王納諫不可。可紂王早已厭惡這位叔父的勸諫，加上妲己的挑撥，更是恨上加恨，見比干強諫，禁不住大怒：「我聽說聖人的心有個竅，我要挖出來看看，是不是如此。」說完就叫人剖開比干的胸膛，挖出了比干的心。

比干雖遭橫禍，卻成了千古傳誦的忠臣。由於他坦蕩無私，無偏無向，人們相信如果由他掌管財富必定公平可靠，因此奉其為公正財神。

比干造就盛世

比干，子姓，沬邑人（今河南衛輝市北）。生於殷帝乙丙子之七祀（公元前 1092 年夏曆四月初四日），卒於公元前 1029 年。

比干為商朝貴族商王文丁之子，名干，是商紂王時代的少師（亞相、丞相），紂王的叔父，為紂王時的三大忠臣之一。比干為林姓宗祖，是中國有史記載的第一位諫臣，其忠烈為國的精神，影響了中國幾千年。

清代程大中《四書逸箋》引《孟子雜記》云：「王子干，封於比，故曰比干。」

比，今山東淄博一帶。帝乙、

文財神（清）

比干、箕子皆殷商王太丁（文丁）之子，是黃帝三十三世孫。

比干幼年聰慧，勤奮好學，博學多才，少年時代就頭腦敏銳，深明時勢，有很大的政治抱負。他十幾歲就參與政事，二十歲就以太師高位輔佐帝乙，又受託孤重輔帝辛。

按商朝繼位法，長子繼位，次子分封。比干二十多歲就身為少師，既是皇室最高政務官，又是王子；既是輔佐哥哥商王帝乙的重臣，又是後來教撫、扶助幼主帝辛的元老。北魏孝文帝拓元宏稱比干謂：「惟子在殷，實為梁棟。外贊九功，內徽辰共；匡率衰職，德音遐洞。」

文財神比干（清）

帝乙死後，帝辛登基為王，即紂王。比干牢記帝乙要他用心輔佐紂王的囑託，為鞏固殷朝統治而費盡了心血。孝文帝說：「千金豈其吾珍兮，皇輿實余所鍾。」皇輿是指社稷、版圖而言。這句話的意思是，比干不為錢財所動，鍾愛社稷，希望紂王能成有為的賢明英主。

紂王在位的前十年，比干作為王叔和顧問大臣，受到紂王的尊敬和重用。比干也為扶助紂王立下了卓著功勛。

在比干從政的四十多年，主張減輕賦稅徭役，鼓勵發展農牧業生產，提倡冶煉鑄造，富國強兵，把帝辛王朝治理得像武丁中興那樣強盛。

商代是一個方國聯盟的王朝，封有三十六鎮諸侯、一百六十個小邦之國。他們均向商朝稱臣，一年兩次來殷都朝奉進貢，正如《史記・殷本紀》所說：「諸侯畢服。」

比干直諫紂王而死

講述比干，少不了要講述商紂王後來腐化墮落的故事。

本來，在比干的全力扶持下，帝辛王朝強盛安定，但後來商紂王在歌頌聲中，認為自己羽翼已豐，辦什麼事都可以有恃無恐，再也不需要比干這班老臣的管束，於是不聽勸告，沉迷酒色，暴虐無道。

《史記・殷本記》云：「知足以距諫，言足以飾非；矜人臣以能，高天下以聲，以為皆出己之下。好酒淫樂，嬖於婦人……重刑辟，有炮格之法。」說得就是紂王荒淫無道，殘害忠良，使百姓怨憤，諸侯反叛。

在這種情況下，比干多次向紂王進言，傳達先王創業維艱，為政要行仁愛民、修政行德的道理，介紹太甲居桐宮三年，悔過自責，反善使百姓以寧、國勢復興的故事，希望紂王能像太甲帝一樣，洗心易行，保住殷商基業。

可悲的是，紂王不但不聽，反而相信費仲、尤渾等佞臣，導致朝政更加腐壞，日甚一日。紂王一方面大興土木，擴建離宮驛館，樓台亭榭，酒池肉林；另一方面殺九侯，脯鄂侯，囚西伯。疏賢臣，親小人，任用好利善諛的費中和惡來，極盡倒行逆施之事。出現了「殷人弗親，諸侯益疏」，民怨沸騰，眾叛親離的局面。

《史記・殷本記》載：殷商末期，很多諸侯背叛了紂而歸服西伯。西伯的勢力更加強大，紂因此漸漸喪失了權勢。比干勸說紂王，紂王不聽，反而更加淫亂，毫無止息。

紂王荒淫無道，招致朝野上下

文財神比干（清）

財神，這樣拜就對了

黃河陣三冊・鳳翔年畫

黃河陣四冊・鳳翔年畫

強烈反對。微子是紂王的長兄，曾多次勸諫，紂都不聽，微子與太師、少師商量後，離開了殷國。

比干見微子離去，太師箕子也佯裝發狂而為奴，他非常痛切地說：「主暴不諫，非忠也，畏死不言，非勇也。見過即諫，不用即死，忠之至也。」

比干極力勸諫，一連三天犯顏直諫紂王。紂王問：「何以自恃？」比干說：「修善行仁，以義自恃。」

紂王憤怒地說：「吾聞聖人心有七竅，信諸？」隨後殺比干於「摘星樓上」，並剖腹摘心。

關於比干之死，古代典籍和史料中有多種說法，其中一說，因比干不斷勸諫，紂王身旁的妲己不懷好意地說：「陛下，他不是說要為你敬獻忠心嗎？你應該把他的心拿出來，看看到底是紅的，還是黑的？」

紂王聽信讒言，竟當場將比干剖腹掏心。

傳說微子離去後，前往微子國（今潞城微子鎮一帶），同百姓一起放牧牛羊，墾荒造田，栽桑植木，勤耕善織，修建家園，數年後便興旺發達起來。

比干被掏心之後，竟未死去。他忍痛徒步去找微子，走到微子國東一座土山上時，才臥地而死。

後來，人們便在這裡修了比干廟（三仁祠），塑起比干像，把這座土山叫做比干嶺。

比干死後，其夫人嬀氏甫孕三月，恐禍及，逃出朝歌，於長林石室之中而生男，名泉（林姓始祖），故比干為林氏之太始祖。

比干壯烈殉國的次年，姬發（周武王）大舉伐紂。周武王和紂王對決的情景，在鳳翔年畫《黃河陣》中有所表現。

在朝歌南郊牧野決戰中，紂王兵敗，遂逃入朝歌城內，登鹿台自焚，殷商滅亡。

在春秋時期，紂王的罪狀還只有「比干諫而死」而已。

到了漢朝司馬遷的《史記》，紂王已經是個比較壞的人了，比如《史記‧殷本紀》記載，紂王「九侯女不喜淫，紂怒，殺之」、「脯鄂侯」、「剖比干，觀其心」等。

而比干為妲己加害而死的傳說，也有諸多說法，下面就是其中一說。

妲己壞國

紂王失道，是因為妲己；比干成為無心財神，也是因為妲己，所以妲己也是重要人物。

《封神演義》中，具體描寫了比干直言勸諫，妲己妖言迷惑紂王的故事。

自從紂王「好酒淫樂，嬖於婦人」後，迷上了狐狸精妲

蘇護進妲己‧鳳翔年畫

財神，這樣拜就對了

己，聽信妖言，製造酷刑，殺戮諫臣。雖有比干、商容等大臣直諫，紂王終不悔悟。

蘇護進妲己（墨線版）‧鳳翔年畫

鹿台完工後，紂王聽信妲己謊言，欲會見仙姬、仙子。妲己心生一計，於十五日夜請軒轅墳內眾妖狐變成仙子、神仙、仙姬來鹿台赴宴，享受天子九龍宴席，迷惑紂王。

比干應紂王之命，赴鹿台迎接群仙降臨，當酒過三巡之後，他發現妲己及其所請來的神仙全是妖狐化身。席上，狐狸臊臭難聞，功夫淺薄的妖狐竟露出了尾巴。

宴後比干將此情告知武成王黃飛虎，暗中請他誅殺妲己的狐族。

經查，眾妖狐都是軒轅墳內的狐狸精，比干便與黃飛虎領兵堵塞妖狐洞穴，放火將狐狸盡行燒死。

比干還揀未燒焦的狐狸皮製成一件襖袍，於嚴冬時獻於紂王，以惑妲己之心，使其不能安於君前。妲己見襖袍儘是其子孫皮毛製成，心如刀割，深恨比干，誓挖其心，設下毒計將其殺害。

一日，紂王正與妲己以及新納妖婦喜媚共進早餐，忽見妲己口吐鮮血，昏迷不醒。喜媚道是妲己舊病復發，須玲瓏心一片煎湯救治，並推算說只有比干是玲瓏七竅之心。

妲己存心要害比干。醒後面帶病容地對紂王假說自己心病復發，絞痛難當，記得幼時曾得異人相救，以玲瓏人心一片，煎湯吃下，此疾就癒，但若無玲瓏心則此命休矣。

同時又虛言比干是一位忠賢之臣，其心必定是七竅玲瓏，可借一片食之，病癒即還給他。紂王信以為真，即命人急召比干。

比干聞之，既怒且驚，慌忙中打開了姜子牙留下的錦囊來看，看到裡頭藏有符訣及救命法術：將符燒灰入水，飲服於腹中即可護住五藏六

腑。比干顧不得那麼多，即依照錦囊內的方法去做。

比干破口大罵：「妲己賤人！我死冥下，見先帝無愧矣！」又泣：「成湯先王！豈知紂斷送成湯二十八世天下，非臣之不忠耳！」說罷，望太廟大拜八拜後，接劍自剖其腹，摘心擲於地，走出午門，上馬而去。

關於這一細節，還有其他傳說。說紂王為了得到比干的玲瓏七竅之心獻給妲己，在比干一次勸諫時，突然大怒道：「我聽說聖人之心有七竅！今天我倒要看看你的心是不是七竅！」

紂王急向比干索其心。比干怒奏曰：「心者，一身之主，隱於肺內，坐六葉兩耳之中，百惡無侵，一侵即死。心正，手足正；心不正，則手足不正。心乃萬物之靈苗，四象變化之根本。吾心有傷，豈有生路！老臣雖死不息，只是社稷丘墟，賢能盡絕。今昏君聽新納妖婦之言，賜吾摘心之禍，只怕比干在，江山在，比干亡，社稷亡！」

紂王怒道：「君叫臣死，不死不忠。台上毀君，有汙臣節，如不從命，武士拿劍去取心來！」

於是，方有比干剖腹取心之舉。

比干剖腹取心或許是真事，但關於妲己的故事，就不是歷史真實，不過是一個神話，是來自神話小說《封神演義》。歷史上比干之死的真實情況，還是要看《史記‧殷本記》等史書的記載。

為何選比干為財神

研究比干的生平，他似乎並沒有發財偉績，為何偏偏選這樣一個無心之人充當財神呢？比干當財神有如下的理由或說法。

第一，無心無向才能辦事公道，辦事公道才能當財神。

比干是一個神奇的人物，把心割下了，還能活著行走。為何比干割心後還能行走上馬呢？

原來，此前姜子牙離開時，曾前去相府辭行，他見比干氣色晦暗，知其日後必有大難，便送比干一張神符，叮囑在危急時化灰沖服，可保無虞。

比干入朝前，已預知自己必遇難，便服飲姜子牙所留符水，服食神符後可以保護五臟六腑，剖出心臟後仍然不死，故在剖心後能不流血而前行。

後來傳說，比干因服了姜子牙的靈丹妙藥而未死去，而是來到民間廣散財寶。

《封神演義》記載，姜子牙曾叮囑比干，剖心後若在路上見人賣無心菜，比干必須問他「人若是無心如何？」若賣菜人回答「人無心還活」，則比干可保不死；若賣菜人回答「人無心即死」，比干就會立即斃命。

結果比干剖心後遇見賣菜婦人，詢問後，婦人回答：「人無心即死。」比干登時血流如注，大叫一聲，一命嗚呼。

正因為比干生前公正無私，死後無心，無心就可以無向，辦事公道，所以被奉為財神，受到人們愛戴和敬仰。

第二，比干公正無心眼而成為財神。

也有人說，是因為比干公正，在他手下做買賣者，大家公平交易，都沒有「心眼」，誰也不會坑騙誰。於是人們就把比干這位老幼都無欺的君子立為財神供奉起來，人人敬服。

第三，古有「比干占卜法」之說，占卜首先是預測財源，故而成為財神。

「比干占卜法」一詞來

姜子牙釣魚・朱仙鎮年畫

呂岳法寶勝姜尚（子牙）・楊家埠年畫

自小說《封神演義》。

《封神演義》中，以街道上過客的回答，作為占卜結果，這種占卜法是對比干的預言，並有比干參與，因而被命名為「比干占卜法」。

民間認為，占卜主要是言禍福，而福與財有關，有錢就有福，所以占卜首先是預測財源財運，故奉比干為財神。

第四，比干當財神與姜子牙追封有關。

比干死後，周武王滅商成功，姜子牙追封比干為「文曲星」，掌人間祿馬財源、福德興慶之事。

銀庫·玉溪紙馬

因為當時尚無科舉制度，文曲星在當時並不為人看中，當時人們更需要的是財神，所以，比干就由文曲星變成了文財神。

第五，玉皇大帝封比干為「天官文財尊神」。

民間傳說，比干死後，精魂不散，靈魄不泯，英氣直上天庭，玉皇大帝認為他無辜被害，襃其忠良正直，而無心就無法貪心，因此封他掌管天下財庫，賜封為「天官文財尊神」，作為文財神，掌管天下財庫，享受人間香火。

因此，比干在天上被冊封為財神，在地上民間也被大家所祭祀，並以金聖孔雀為座騎。

當然，這是一種神話傳說，但神話傳說代表了人們的意願。

第六，歷代皇帝追封比干，這些封號演變為財神。

歷代有為皇帝都尊敬比干，希望獲得比幹這樣一個忠誠的諫臣，於是不斷追封比干，使其具有至尊的地位，這些封號後來甚至高於關公和趙公明，演變為財神。

比干死後，周武王為比干封墓（在墳上添土），賜林姓；魏孝文帝拓元宏立廟宇；唐太宗下詔封謚「忠烈公」、「太師」；宋仁宗為《林氏家

譜》題詩，元仁宗為比干立碑塑像，清高宗祭文題詩，清宣宗修複比干廟正殿等。

上行下效，這麼多尊崇的封號和賞賜在民間具體演化為信仰，將比干尊為文財神。

俗云「財神無心」，就是說比干。所以也有人說，敬他的不一定富，不敬他的不一定窮。但人們還是對他頂禮膜拜，以求財運亨通。

比干不是富豪而登財神寶座，由此可見，民間將一些歷史人物奉為具有某種功能的神明，有時並不一定與

督理財源（清）

其生平、身份有關係，多數是出自民間對他們的懷念和崇敬，比干被民間奉為主管財富的財神就是如此。

後人因為敬仰比干的人品，尊其為無心財神而大加敬奉，香火極盛。

比干廟

在中國的財神文化史上，比干的財神地位曾經是最高的，甚至比趙公明和關羽還要高，被稱為文財神正尊，而趙公明和關羽只能在左右作為配角。這可以從古代財神廟宇建築的遺存中看出來。

比干為文財神正尊，在北宋時期已有出現。山西省平遙縣的財神廟建於北宋年間，建築規模宏大，廟中供奉三尊財神爺。居中的就是財神正尊─文財神比干，而居左、右兩邊的分別是武財神趙公明與關羽。

歷史上的山西平遙古城商業發達、經濟繁榮，有著「富甲天下」的鼎鼎大名。關於財神正尊為文財神比干的依據，目前已無從稽考。有專

家分析，平遙古城為商業名埠，人才濟濟，相信其信奉的財神正尊，必定為正統傳承。

台灣嘉義敬奉比干的文財神廟，始建於明末，由於神靈應驗，信仰者成千上萬，絡繹不絕，工商業界鉅子也頻頻前往敬奉膜拜，香火旺盛，其分靈副駕數百處。

雖然比干為財神正尊並未達到趙公明和關羽的名氣，但是，人們對於文財神比干的認識、敬奉正在逐漸普遍，這或許是這些古老財神廟帶給人們的印象。

比干財神廟規模最大、最著名的是河南的一座比干廟，位於河南省衛輝市城北七千公尺處。

為何比干廟是在這裡呢？因為比干是歷史上第一個以死諫君的忠臣，死後葬在新鄉衛輝。比干墓從周武王克殷而封，迄今已有三千餘年，廟建於北魏太和十八年（494 年），因墓立廟。

比干廟占地四萬四千平方公尺，主體建築有照壁、山門、二門、木枋、碑廊、拜殿、大殿、石坊、墓碑亭等，鱗次櫛比，各具特色。四周朱牆環圍，古柏交柯，碑碣林立。在比干廟正南方有比干石雕像、神道、牌坊等，飛龍雕柱，蒼松古柏，整個建築古樸典雅，環境幽深，是人文旅遊和比干後裔林姓兒女祭謁的聖地。

比干廟院內碑碣林立，有百餘幢。特別是北魏孝文帝拓元宏的「弔比干文」碑，1963 年列為中國省重點文物。這是集文學與書法價值與一體，具有很高歷史價值和藝術價值的石刻珍品。文內頌揚了比干「千金豈其吾珍兮，皇輿實余所中」的愛國節操。「弔比干文」碑歷代金石集錄多有收載，素與洛陽「龍門二十品」齊名。

萬寶來臨・綿竹年畫

　　公元 1917 年和 1934 年，林森曾兩次派代表來衛輝比干廟祭謁，擬大規模重新修建，創建「國粹大學」，弘揚比干「民本清議，士致於道」的佳說。河南省政府 1963 年將比干廟列入第一批重點文保單位，1996 年列入了國家文物保護單位。

　　1993 年，衛輝市舉辦了比干誕辰三千零八十五週年的紀念活動，此後每年舉辦，先後有三十多個國家和地區的團體和客人來參觀，數萬名林氏後裔和國內外遊客在衛輝尋根問祖、旅遊觀光。

　　比干廟被當地專家稱為中國第一座墓廟合一的建築，始建於北魏，現存的建築群為明代弘治七年重建。據當地人介紹，在中國古代名人遺留至今的著名古廟中，有孔廟、岳飛廟，但廟主的歷史均比不上比干廟，比干廟比孔廟早五百多年。

　　比干廟自唐朝以來歷代英明皇帝加以封謚和維修，眾多文人雅士以詩詞的形式，高度評價了這位亙古忠臣，並立碑紀念，使比干廟成為碑碣林立，古文化色彩濃郁的文物寶庫。

增福財神・武強年畫

增福財神（墨線版）・武強年畫

比干在年畫中的形象

文財神顧名思義為文官模樣，頭戴朝冠（或為宰相紗帽），容貌富態，身穿紅袍（或為蟒袍），手持如意，足蹬元寶。

而年畫中的文財神比干也通常是文官打扮，頭戴朝冠，身穿紅袍，面容慈祥，五絡長鬚，一手持如意，一手托元寶，或一手持如意，一手撫膝蓋。

比干身後通常有二童子為他打著日月障扇。左青龍，右白虎，口吐孔錢和元寶，顯得這位財神爺神通廣大，有取之不盡用之不竭的金銀財寶。

有的文財神很像「天官賜福」中的天官，但文財神比干的神像面目嚴肅，臉龐清癯，面容較為平靜，不像天官那樣神情慈祥，滿面笑容。

可見，文財神的打扮與天官相似，但二者的神情是有區別的。

增福財神・濰坊年畫

財神，這樣拜就對了

7

智慧財神
范蠡

范蠡，字少伯，天資聰穎，少年時便有獨慮之明，後被越王勾踐拜為士大夫，是春秋戰國時期傑出的政治家、思想家和謀略家，也是一位生財有道的大商家，所以范蠡是另一位有影響力的文財神。

范蠡最初不過是楚國的一介平民，後來做了越王勾踐的大臣。他有建邦立業的宏才偉略，在越王最落魄的時候來到越王身邊，輔佐越王勵精圖治，一雪前恥，最後終成霸業。

後來范蠡功成身退，捨棄高官厚祿，不辭而別，因為他知道越王可以共患難不可共享福，退隱才能自保。當越王大賞功臣的時候，才知道范蠡已經離去了。

被世人奉為財神則是因為范蠡善於聚財致富而又樂於施財濟眾。

范蠡三聚三散成財神

中國以前拜的財神是范蠡，為什麼要拜他作財神呢？

古代典籍《列仙傳》有記載范蠡的事蹟：「范蠡，字少伯，徐人也，事周師太公望。好服桂飲水。為越大夫，佐勾踐破吳，後乘輕舟入海，變名姓，適齊，為鴟夷子，更後百餘年，見於陶，為陶朱君，財累億萬，號陶朱公，後棄之，蘭陵賣藥。後人世世識見之。」

民間則傳說「范蠡三聚三散」，從這故事可以看到他比比干更有理由成為財神，甚至比所有的財神都更有理由，因為他是一位真正能賺錢而又能散財的智慧財神。

財神（清）

一聚一散

范蠡，出生於楚國南陽地區，青年時期，與文種一起到越國，幫助勾踐。

范蠡苦身戮力輔佐越王勾踐，當越國兵敗於吳國，范蠡與越王一同屈事吳王夫差。回國後又輔佐越王富國強兵，他足智多謀，深謀二十餘年，使一個瀕臨滅亡的弱小國家，逐漸強大起來。

在越滅吳的戰爭中，范蠡功勞最大，被拜為上將軍，位居相國大夫。但他知道越王為人可共患難但不能共富貴，於是，他辭書一封，放棄高官厚祿，毅然向越王辭官隱退，帶著西施、隨從乘舟遠行，駕扁舟，泛東海，來到齊國。

財神‧楊家埠年畫

臨行前，范蠡給另一個功臣文種寫了一封信說：「高鳥已散，良弓將藏；狡兔已盡，良犬就烹。夫越王為人，長頸鳥喙，鷹視狼步，可與共患難，而不可其處樂，子若不去，將害於子。」

文種不信，終成劍下之鬼。

二聚二散

范蠡逃離越國後，到齊國的海邊更名換姓，改名鴟夷子皮。

鴟夷子皮本意是指古人用一種獸皮縫製的皮囊，外出時裝上酒或水帶在身邊用。范蠡拿來做自己的名字，一是俗，容易與人交往，二是自嘲，寓意自己是個「酒囊飯袋」。

范蠡開荒種地，苦身戮力，耕於海畔，由於勤勞儉樸，善於經營，治產不久便聚財幾十萬，成為當地最大富豪。

齊王知道范蠡其人，仰慕他的賢能，便封他為宰相。

范蠡嘆息：「居家則致千金，居官則致卿相，此布衣之極也。久受尊名，不祥。」

後來，范蠡交還了相印，把財產全部散發給鄉鄰好友，只帶上最貴重的物品，帶著一家人暗自離開齊都。

三聚三散

輾轉來到齊國西南邊界的肥城陶山（山東定陶縣），范蠡以其智能，觀察此地為貿易要道，認為陶地處天下之中，為交易的必通要道，由此經營貿易可以致富。以為後半生的保證，自此居住下來自稱陶朱公。

開荒種地（拓片）

「陶」，指陶地，或說隱語「逃」；「朱」，一說為富翁的象徵，或說自己曾做高官；「公」，一說是平輩對尊長的敬稱，或說自己曾做為公爵。寓意是陶山有一位穿過紅袍、做過高官的在逃老人。

苦身戮力，耕於海畔（拓片）

當時，陶山位於齊、魯、魏、趙等國的交集處，這裡湖面開闊，船隻通過汶水、濟水、東平湖等直達中原各地，山內草木蔥鬱，湖邊土地肥沃，氣候適宜，資源豐富，范蠡以此為天下之中，便在此隱居下來，置辦田產、建築房屋，利用山坡地發展畜牧林果，利用

利用山坡地發展畜牧林果（拓片）

水面養殖魚鴨，沒有幾年時間，日子很快便富裕起來。

接著利用過剩的產品和手中的積蓄，囤積貨物，做起販進賣出的商品交易。范蠡還在山前大村莊、胡同碼頭設立雜貨店舖、作坊、旅店、錢莊等，使這裡成了各國商人集居的交易中心。同時僱用有才能的賢德之人，把產業商貿管理得井井有條。

由於經營有道，致富有方，十九年之中，三至千金，逐至巨萬，最後積累了億萬財富。不僅成為陶地的大富翁，還成為天下巨富。

范蠡把經營的產業託付兒孫去做，在陶山選擇一個水抱山環、泉美林秀的位置，建一別墅，和西施在此幽棲隱居，度過了美好的後半生。

晚年，范蠡父子兩家又分財於百姓，於是天下人都讚美陶朱公，拜

道教典籍中的陶朱公（明）

道教典籍中的陶朱公（明）

其為財神。

范蠡能發家致富，又能散財，三聚三散，在人們心目中是難得的活財神。故人們將他稱為文財神。陶朱公成為富人的代稱，理所當然。

道教典籍中的范蠡

中國古代民間財神中，范蠡與道教淵源最深。

道教奉范蠡為財神的事實，可以從古代寺廟看出。南嶽衡山、南通城隍廟、龍虎山天師府、浙江新昌重陽宮等開放道觀中，均有供奉財神范蠡的殿堂，道教學者也在著述中引述財神范蠡的事蹟，而民間奉祀財神的習俗在道教中得到吸收並融合。

道教典籍中有很多關於范蠡的記載。

道教諸神（明清）

《太平廣記》稱：「老子者……上三皇時為玄中法師，下三皇時為金闕帝君，伏羲時為鬱華子，神農時為九靈老子，祝融時為廣壽子，黃帝時為廣成子，顓頊時為赤精子，帝嚳時為祿圖子，堯時為務成子，舜時為尹壽子，夏禹時為真行子，殷湯時為錫則子，文王時為文邑先生，一云，守藏史，或云，在越為范蠡，在齊為鴟夷子，在吳為陶朱公。」

東漢應劭《風俗通義》記東方朔的變化無常，「俗言：東方朔、太

白星精，黃帝時為風后，堯時為務成子，周時為老聃，在越為范蠡，在齊為鴟夷子皮，言其神聖能興王霸之業，變化無常。」

《太平廣記》記孔安國師從范蠡學道之事，曰：「吾亦少更勤苦，尋求道術，無所不至，遂不能得神丹八石登天之法。唯受地仙之方，適可以不死。而昔事海濱漁父，漁父者，故越相范蠡也，乃易姓名隱，以避凶世，哀我有志。授我秘方服餌之法。以得度世。」

《列仙傳》是我國較早系統敘述神仙事蹟的著作，此書記載范蠡事蹟：「范蠡御桂，心虛志遠。受業師望，載潛載惋。龍見越鄉，功遂身返。屣脫千金，與道舒卷。」

晉葛洪《神仙傳》未為范蠡單獨立傳，但在老子條中說范蠡為老子的化身。

宋元之際的道教學者杜道堅在《通玄真經纘義》中說：「文子，晉之公孫，姓辛氏，字計然，文子其號。家唯之葵丘，屬宋地，一稱宋妍，師老子學，早聞大道，著書十二篇曰《文子》。」「楚平王聘而問道，范蠡從而師事之，勾踐位以大夫，佐越平吳，功成不有，退隱封禹之地，登雲仙去，吳興計籌之陰乃其古處。」

《通玄真經》及注本三種收於《道藏》洞神部玉訣類。《通玄真經》實即《文子》。在道教典籍中，文子計然被稱為通玄真人，為道教最為崇奉的四大真人之一。

道教地界諸神（清）

劉宋裴駰《史記集解》曰：「計然者，葵丘濮上人，姓辛氏，字文子，其先晉國亡公子也，嘗南遊於越，范蠡師事之。」宋晁公武《郡齋讀書志》載北魏李暹為文子作注云：「姓辛氏，葵丘濮上人，號曰計然范蠡師事之，本受業於老子，錄其遺言，為十二篇。」這些記述中范蠡乃為通玄真人（文子）之徒。

杜光庭《洞天福嶽瀆讀名山記》靈化二十四：「漓沅化，五行土，節小雪，上應尾宿，丙辰、戊辰人屬，彭州九隴縣西北七十里，老君授范蠡真人白日上昇。」

漓沅化實即天師道著名的二十四治之一，在今彭州市白鹿鄉境內。傳說漓沅山上有栗松、神草，吃了便能升天，范蠡在此山成仙。

元代道士張雨所編《玄品錄》（見《道藏》洞神部譜錄類）和元趙道一《歷世真仙體道通鑑》（見《道藏》洞真部記傳類）中，范蠡均名登仙籍。明代王世貞編著的《列仙全傳》中還為范蠡配有圖像，頗有仙人風貌。

在道經及歷代對道經的註釋之中，范蠡為道教理論的重要實踐者。

《黃帝陰符經》為道教著名經典之一。傳伊尹、太公、范蠡、鬼谷子、張良、諸葛亮、李筌為之作注，是為《黃帝陰符經集注》。其中提到「天有五賊，見之者昌」，注云：

「太公曰：其一賊命，其次賊物，其次賊時，其次賊功，其次賊神⋯⋯賊物以一急，天下用之以利⋯⋯筌曰：黃帝得賊命之機，白日上升；殷周得賊神之驗，以小滅大；管仲得賊時之信，九合諸侯；范蠡得賊物之急，而霸南越；張良得賊功之恩，而敗強楚。」

《抱朴子外篇‧安貧》說：「蓋聞有伊呂之才者，不久滯於窮賤；懷猗頓之術者，不長處於飢寒。達者貴乎知變，智士驗乎不匱。故范生出則滅吳霸越，為命世之佐，入則貨殖營生，累萬金之貲。夫貧在六極，富在五福。」

唐《無能子‧范蠡說第六》記范蠡與文種事蹟：「范蠡佐越王勾踐滅吳、殺夫差，與大夫種謀曰：吾聞陰謀人者，其禍必復。夫姑蘇之滅、

夫差之死，由吾與子陰謀也。況王之為人也，可與共患，不可共樂，且功成名遂身退，天之理也。吾將退，子其偕乎？」

有些道經中范蠡或為修道者默念存思之神，《雲笈七籤》卷十六《三洞經教部》之《老子中經》云：「兩腎間名曰大海，一名弱水。中有神龜，上有九人，三三為位。左有韓眾，右有范蠡，中有太城子；左為司徒公，右為司空公，中有太一君；左有青腰玉女，右有白水素水，中有玄光玉女。」

道教典籍中之所以屢屢提及范蠡並視若神明尊為神仙，最根本的原因就是范蠡本人乃是先秦道家的重要人物。

近代國學大師章太炎在《國學講演錄·諸子略說》中評范蠡等得老子之道：「歷代承平之世，儒家之術是以守成；戡亂之時，即須道家，以儒家權謀不足也。凡戡亂之輔佐，如越之范蠡、漢初之張良、陳平、唐肅宗時之李泌，皆得於老子之道。」

近代著名道教學者陳攖寧先生在《論〈四庫全書提要〉不識道家學術之全體》中指出：「自古道家，無不知兵者，所謂有文事必有武備也。若專尚清靜無為，其何以靖內憂而攘外患乎？……范蠡諸人在兵家皆有著作，雖其書不傳，然班氏《藝文志》及劉氏七略，皆載其名。蓋道家最善於沉機觀變，不輕舉，不妄動，老謀深算，施於戰陣，常操必勝之權。故兵學遂為道家特長，非此不足以定大業。」

范蠡的天道觀涉及天地人及其三者之間的相互關係，也涉及與天道有關係的五行，他的政治及商業思想頗有先秦道家的辯證色彩，實為被忽略的道家。

可見，道經或道教神仙譜錄所述之范蠡或是老君之化身，或是文子（通玄真人）之徒，或是呂尚之弟子，或「服桂飲水」，或「蘭陵賣藥」，是一位神龍見首不見尾的神仙形象。道教典籍所記范蠡的事蹟，雖然凌亂紛雜，卻具有宗教文化意義上的真實性，也就是說，它所反映的古代道教徒之信仰是真實的。

養魚能手范蠡

勞動得魚‧濰坊年畫

　　一般人都知道范蠡致富是靠經商，因此被尊為商聖。但范蠡除了經商外，還經營過漁業和養殖業，而且能把養魚和飼養牲畜的經驗和技術，無條件地傳授給別人，希望與大家同富，並因此而傳為佳話。

　　據《史記‧越王句踐世家》記載，范蠡初到齊國，「耕於海畔，苦身戮力，父子治產，居無幾何，致產數十萬」。說明范蠡初到齊國時，是靠父子艱苦努力「耕於海畔」而致富的。但我們對「耕於海畔」，不能理解為是單純從事農耕，更可能是經營漁業，或農、漁兼營。

　　《齊民要術》記載有范蠡的養魚經驗，范蠡曰：「夫治生之法有五，水畜第一。水畜，所謂魚池也。以六畝地為池，池中有九洲，求懷子鯉魚三尺者二十頭，牡鯉魚長三尺者四頭。以二月上庚日內池中，令水無聲，魚必生……至來年二月，得鯉魚長一尺者一萬五千枚，三尺者四萬五千枚，二尺者萬枚，枚值五十，得錢一百二十五萬。至來年，得長一尺者十萬枚，長二尺者五萬枚，長三尺者五萬枚，長四尺者四萬枚，留長二尺者二千枚作種，所餘者皆貨，得錢五百一十五萬錢，候至明年，不可勝計也。」

　　范蠡養魚的經驗就是「耕於海畔」而獲得的，遼闊的海畔，是養魚的最佳場所。

　　范蠡在越國制定強國政策時，很重視水產養殖。來到陶山，利用山前的大面積湖面，發展水產業是很自然的。被稱為世界上最早的養魚專著《養魚經》，可能是范蠡在這裡長期從事水產養殖經驗的總結。

　　明代著名文學家，官至太子少保東閣大學士的于慎行（1545～

1607），在所著《岱畎圖經記》中寫道：「陶山多洞穴，下有池水，謂是種魚之陂。陶朱公浮海至齊，止此居之。其野皆沃民也。」

在陶山的遺留石刻中，有于慎行一首〈陶山懷古〉詩，其中有「越相何年隱，齊山舊有名……臨池懷往跡，頗識釣魚情。」

唐仲冕在〈詠陶公墓〉詩中，有「養魚池沼依稀在，欲倚范蠡學富誇」的描述。由此可見，明清時期陶山前湖屯一帶，還留有比較明顯的魚塘痕跡。

范蠡養魚成為財神，是有民俗學根據的。中國古代民間魚乃富裕的意思，很多地區的民間年畫中有「蓮年有魚」這一流行年畫，寓意年年有餘。年年有餘即有財神到家之意，所以，這一年畫寓意很可能就是從范蠡養魚變富裕，最終乃成財神引申而來。

蓮年有魚・濰坊年畫

畜牧專家范蠡

范蠡還是一位畜牧專家，他善於利用山坡地發展畜牧。

《齊民要術・序》記載有一位魯國貧士猗頓，曾向范蠡請教致富之術，范蠡說：「欲速富，畜五牸。」所謂「畜五牸」，就是飼養牛、馬、豬、羊、驢，後來猗頓就以此致富。

在《水經注》卷六，引《孔叢子》曰：「猗頓，魯之窮士也。耕則常饑，桑則常寒，聞朱公富，往而學術焉。朱公告之曰：子欲速富，當畜五牸。於是乃適西河，大畜牛羊於猗氏之南。十年之間，其息不可計。貲擬王公，馳名天下」。

《史記・貨殖列傳》說猗頓以鹽起家，但注也引《孔叢子》，說猗頓請教陶朱公致富之術後，「乃適河西，大畜牛羊於猗氏之南。十年之

間，其息不可計。貲擬王公，馳名天下」。

　　這說明猗頓確實是以飼五牸致富，同時也說明，當時范蠡在陶山的畜牧飼養已成規模，且積累了極其豐富的經驗，並將致富經驗慷慨、無私地轉授給猗頓。

　　范蠡精通飼養之術，他的畜牧術，是他的實踐經驗的總結。陶有平原沃野適宜飼養業的發展，與經營糧業並舉，產銷問題都容易解決。今天陶山的牧羊洞、乳羊坪，以及牛山、臥牛峽和馬莊、馬坊等地名，與范蠡發展畜牧飼養，都有一定的淵源關係。

多種經營的行家

　　范蠡在陶山前的產業，不是單一的，還建立了產供銷一體的各種作坊、屠宰場、店舖。自古這裡流傳「四外來經商，此處無饑荒」之說。至今，當地保留不少與經商做買賣有關的村名：如千家店、王瓜店、張家店、旅店、小店、興隆莊、錢莊、車莊、山羊舖、毛家舖、衡魚舖、十里舖、西舖、紙坊、郭家油坊等。這些也說明，范蠡時期這一帶商賈

牧童歸去・鳳翔年畫

雲集的興旺景象。

唐仲冕有篇著名的《陶山賦》，在文中贊范蠡：「沼吳計成，相齊名顯。於焉治生，足資富產。養魚有池，牧羊有棧。致資百萬，能聚能散。山峻川平，縱橫極目，嘉禾遂生，豈惟畜牧。木則白榆翠柏，果則文杏緋桃。柿垂垂而葉赤，棗纍纍而香飄。春源肥苜蓿，秋架蔓葡萄……。」

這說明，范蠡除了發展水產畜牧，林果業也在開發之列，今天著名的肥城大桃，據考證，在范蠡時代就開始人工栽培了。

可見，范蠡是一位生財有道的多面手，能經商、養魚、飼養牲畜，尤為可貴的是他有個善良願望，願意別人和他共同致富，而且致富之後，能分散財產濟困扶貧，故司馬遷讚頌范蠡是「富好行其德者也」。

生財有道，富而能仁，獲得「商聖」的尊稱，就是理所當然的了。

范蠡信仰民俗

范蠡被奉祀為財神的過程中，一方面是明清以來的民間傳說起了推波助瀾的作用，另一方面是皇家的參與推展了范蠡信仰民俗。

民間對范蠡的崇祀，自唐宋以後影響漸為廣大，這與統治者的倡導不無關係。據《新唐書‧志第五》載，唐代設武成廟之祀：「詔史館考定可配享者，列古今名將凡六十四人圖形焉。」越相國范蠡被列為配享之神位。

宋代更尊奉范蠡為「遂武侯」。《宋史‧吉禮八》：「宣和五年，禮部言：武成王廟從祀……越相范蠡遂武侯，燕將樂毅平虜侯，蜀丞相諸葛亮順興侯……於是釋奠日，以張良配享殿上，管仲、孫武、樂毅、諸葛亮、李勣並西向；田穰苴、范蠡、韓信、李靖、郭子儀並東向。」「紹興元年，命祠禹於越州，及祠越王勾踐，以范蠡配。」

民間的崇祀不絕，加上皇家統治者的倡導，擴大了范蠡的影響，唐宋以後對范蠡的祭祀越來越熱，使其巨商富賈形象深入人心。

范蠡作為財神的信仰民俗源遠流長，主要體現在如下方面。

漁樵耕讀四條屏・濰縣年畫

一是財神信仰民俗

清代紹興的商會也奉范蠡為商祖，每年掛像祭祀。於農曆五月十一日，舉行廟會，祭祀范蠡大夫。

在山東，人們傳說范蠡每到一地都會教人如何做生意，給他們拿出本錢，並告訴人們「錢能生一，一能生十，十能生百，無窮無盡」的道理，這就是生意的來歷。山東一帶還流傳著陶朱公造秤的傳說，定陶陶朱公的傳說已被公布為山東省第一批非物質文化遺產。

潮汕的商戶、商家在每年六月二十四日素有拜財神的俗例，他們稱老闆為「頭家」，有人認為是「陶家」的音轉，與陶朱公有關。

民間傳說豐富了財神陶朱公的形象，民間對財神的崇信也使陶朱公的財神形象深入人心，所以許多致富術托於陶朱公名下。明清時期江南一帶廣泛印製了《陶朱公致富全書》，甚至會計記賬簿也以「陶朱錄」命名。

財神，這樣拜就對了

《陶朱公經商術》、《陶朱公經商十八忌》、《陶朱公商訓》等雖是商家的經驗之談，也託名陶朱公，由此可見明清以來範蠡作為財神在民間商人心目中的智慧形象。

二是聚寶盆信仰民俗

民間還有陶朱公燒製聚寶盆的傳說。傳說陶朱公退出商界後，感悟人間正道，晚年大徹大悟，傾其一生之力，將全部的心血與感悟，凝燒於一方至寶之中，取名「聚寶盆」。

聚寶盆燒製成功的次日，陶朱公最後一次散盡家財，懷其重寶而升仙，從那以後天下就有了財神。

關於陶朱公的聚寶盆，民間有《陶朱公之寶》的奇詩傳世。民間還有童謠：「琉璃窗、朱漆門，堂上供著大財神；大財神，出凡塵，三聚三散越王臣；越王臣，富貴身，手裡捧個聚寶盆；聚寶盆，天下聞，財源滾滾滿乾坤……。」

聚寶盆信仰民俗其實是財神信仰民俗的延續，與之一脈相承的，但因為聚寶盆在財神民俗文化中獨特的寓意，與范蠡有特殊

財神

財神和聚寶盆·綿竹年畫·金平定繪

125

的淵源關係，這裡獨立將其作為一項信仰民俗介紹。

三是陶業祖師信仰

范蠡自號「陶朱公」，宜興等地將其奉之為陶業鼻祖、造缸先師。舊時，每年九月初九重陽節，宜興的陶業工人有集合紀念陶朱公的禮俗。

四是瓷界奉為窯神

景德鎮等地則將范蠡奉之為窯神。在豫北農村，據說陶工是從山東定陶過來的。舊時這一帶人都敬范蠡為祖師爺，陶工坊裡有他的塑像，每年三月十五和十月十五陶工們要祭祀他，大家還要聚餐，叫「散福」。

萬寶朝宗・濰縣年畫

五是蝙蝠信仰民俗

在豫東，人們傳說，范蠡死後屍體化為蝙蝠，蝙蝠飛到哪兒，哪兒就會富，這些地方把蝙蝠當財神，還傳說蝙蝠是賣鹽人的財神等。

六是造像信仰民俗

對范蠡的尊奉可追溯到春秋時期，《國語・越語下》記載越王勾踐鑄范蠡金人之事：「王命工以良金寫范蠡之狀而朝禮之，浹日而令大夫朝之，環會稽三百里者以為范蠡地。」這頗有後世的「生祠」的意味。

到三國時期，蜀漢習隆、向允等奏請後主劉禪為諸葛亮立廟，特引用勾踐鑄造范蠡金像之故事：「臣聞周人懷召伯之德，甘棠為之不伐，越王思范蠡之功，鑄金以存其像。」（《諸葛亮傳》）

先有造像，後有寺廟，范蠡的造像信仰民俗早於寺廟信仰民俗。造

像信仰民俗是范蠡信仰民俗的載體，又推動了范蠡信仰民俗的發展。

范蠡的祠廟

　　根據可考文獻，最早奉祀范蠡的
祠廟出現在漢末范蠡的故鄉南陽。酈
道元《水經注》清水條註：「郭仲產言：
宛南三十里有一城，甚卑小，相承名
三公城……城側有范蠡祠，蠡，宛人。
祠即故宅也。後漢末有范曾，字子閔，
為大將軍司馬，討黃巾賊，至此祠，
為蠡立碑，文勒可尋。夏侯湛之為南
陽，又為立廟焉。」

　　南朝宋盛弘《荆州記》亦記此處
之范蠡祠。可見自漢末至唐宋，范廟
猶存。南陽城南三十里屯至今猶有范

財神·平度紙馬

蠡廟遺址可尋。明成化《河南總志》、清康熙《南陽縣志》和光緒《南
陽縣志》或稱之范大夫廟，或稱之范蠡廟，均有詳細記載，或有圖示。

　　在吳越之地，對范蠡的奉祀更為廣泛。宋范成大《吳郡志·祠廟下》
記載，三高祠在吳江縣垂虹橋南，即王氏庵之雪灘也。昔堂在垂虹南圻，
極偏仄，幹道三年，縣令趙伯虛徙之雪灘。三高者，范蠡、張翰、陸龜
蒙也。此祠人境俱勝，名聞天下。

　　北宋熙寧年間（1068 ～ 1077）吳江知縣林肇（宜興人）建鱸鄉亭，
繪越范蠡、晉張翰、唐陸龜蒙在亭內，尊稱「三高」。宋元佑五年（1090
年）知縣王闐建三高祠，繪像於壁，其後又為三高塑像祭祀。

　　宋范成大《三高祠記》云：「三高者，越上將軍姓范氏，是為鴟夷
子皮；晉大司馬東曹椽姓張氏，是為江東步兵；唐贈右補闕姓陸氏，是
為甫里先生。」紹興為越之國都，范蠡從政之地。

　　據雍正《浙江通志·祠祀》記載，明清時期紹興府城內有陶朱公廟
等紀念祠廟，嘉興府則有明建范少伯祠遺存。

諸暨歷史上曾建有范相廟和興越二大夫（范蠡、文種）祠，據宋《嘉泰會稽志》載，在諸暨陶朱山上有范蠡祠，相傳為越大夫范蠡故宅也，山上有鴟夷井，又有范文正公（范仲淹）題詞石刻。

在山東定陶、肥城亦有紀念范蠡的祠廟，明萬曆元年《兗州府志·群祀志》曹州條載，范蠡廟，在州西南濟陽故城內。宋呂本中詩：「悠悠千載五湖心，古廟無人鎖綠陰；為問功成肥遁後，不知何術累千金。」又滕縣陶山下亦有范蠡祠。該志定陶縣條載，范蠡廟，在邑境內。萬曆十三年《滕縣志》載，陶朱公廟，在陶山後薛河上。

山東肥城范蠡祠在范蠡墓的右前方約三百公尺的地方，碑文記載：「舊有祠，創於秦，在（陶朱）公之舊居處。名曰：陶公幽棲祠。」

西漢佛教傳入中國後，祠旁又創建「幽棲寺」，這樣祠與寺連為一院。

宋代前的范蠡祠，因年代久遠，已無法考證清楚，宋徽宗宣和年間，在幽棲寺大雄寶殿後院，大興土木，以石料為主建了一座祠，今天地基上還保留著一根前廊石柱，上刻「宣和三年」（1121年）字樣，直立在原來位置上。通高四百三十公分，上細下粗，呈八面體，每面刻滿淺陰紋牡丹雲紋圖案。周圍地面還保留不少圓形柱礎，和刻有「宣和四年」字樣的半截石柱等。

大清順治十二年（1655年），有位古越之地的浙江蕭山人史廷桂來肥城任知縣。他在陶山發現，曾為越國立下汗馬功勞的范蠡，後半生跑到這裡幽棲隱居，心情格外興奮。面對「古蹟雖存，山寺並圮，狐兔荊榛，荒涼特甚」的局面，內心一片悽惻。借順治十五年（1658年）維修幽棲寺的機會，在宋建祠的右前方，寺院右側，重建了三間范蠡祠。按秦代初創時的叫法，親書「陶公幽棲祠」匾額，立於門上。

祠建好後，在祠內塑范蠡像，在像兩旁的立柱上，史廷桂懷著對范蠡的崇高敬意，撰寫了歌頌范蠡楹聯：「避君隱陶稱朱公流芳百世；聚財萬貫濟黎民功蓋千秋。」

史廷桂還親自撰文，新立《重建陶公幽棲祠詩刻》碑，文曰：

憶昔扁舟去，千年何所知？那知窮鄉里，長此臥鷗夷。

問山陶是姓，訪洞名西施。桑棗屯湖水，纜船裝欲歌。

神通僧夢幻，古佛繡岩碑。三笑歌存漢。赤松再子皮。

雖云留白字，金穴總傳疑。禪岱途經踔，幽棲寺占祠。

野堂寒食路，落日照蕪蘿。古蹟無人到，藤花走鹿麋。

我來瞻拜起。四顧立遲遲。樵牧先申禁，榛楛訪古基。

工鳩因俗豫，昭儉蒻云茨。十日成三舍，馨香卜盛粢。

越人奠齊酒，對此長相思。緣夢稽山暗，公應記舊時。

功成不居霸，富以散而奇。金鑄空餘想，寒嵐鎮獨知。

胥江濤已冷，湖舫月連漪。

後邊還記錄了「秦篆漢贊」的來歷，轉刻經過，以及「宋真宗封泰山，駐蹕肥城之金牛山返而過此，瞻弔公墓，差稱盛事。」最後又寫道：「案公自霸越後，扁舟至齊，止於陶，號陶朱公，即今肥城之陶山也。山內有纜船椿，山前有湖屯諸處。相傳為古背山而湖之故基。而山麓公墓在焉。」「寺與祠聯，圍牆廊舍，兀立空山，且封墓而高大之。敢謂此千百年僅事，而樵夫牧豎則謂公為越相，而余以越人，故私之。抑知余之所以感慕乎公者，自有在此。祀之日，遂書以鐫之。順治十六年九月中浣之吉。」

今天范蠡祠，就是清順治年間史廷桂所建祠基本原樣。在前廊西壁，有光緒十三年維修祠的碑文。前廊立柱正面，有當年陶山居士張昌齡題書楹聯：「赤心保國興越時竭能潔己，立志除奸滅吳後獨善知人。」

知縣史廷桂在肥城上任，為了進一步表達對范蠡的敬佩心情，還寫了首詩謳歌范蠡：

「霸越平吳貴縉紳，如何甘卜野人鄰。謀猷輔助功成就，明哲全身孰匹倫。靈窟潛藏千載密，扁舟冷落五湖春。居官莫道歸休早，知足誰能步後塵。」

傳說中的范蠡行跡所至之地很多，這些地方大多建有祀范蠡的祠廟，如洞庭湖赤山島、寧波陶公山、宜興等地多有祀范蠡的祠廟遺蹟可尋。

范蠡墓

范蠡墓也在肥城市西部的湖屯鎮，范蠡死後，就地葬在陶山西麓的山坡上。今墓前豎立三塊石碑，中間為墓碑「陶朱公范蠡之墓」。右是秦李斯篆文碑，左為第一屆肥城市范蠡研究會記事碑，記述了 1997 年召開全國范蠡研討會事宜。

萬寶來臨‧綿竹年畫

古碑和文獻記載，秦代丞相李斯陪秦始皇東封泰山，路過陶山，看到越相范蠡葬在此處，面對范蠡墓，用他統一六國後的小篆文字，寫下了「忠以事君，智以保身，千載而下，孰可比倫。」

西漢初年，有位神仙道士，仙號赤松子，來到墓前，對墓三笑三點額，口誦八言曰：「霸業朽，忠名在。此堆土，黃金塊。傳萬古，人人愛。綱常維，宇宙賴。」誦畢，化為輕風不見。

當地人把這些話又刻在篆文碑上，流傳後世。「此堆土，黃金塊」，本是對文物古蹟重要性的評價，卻引起一代又一代盜墓者的光顧。以為墓中埋進黃金。民間也流傳「挖開范蠡墓，窮漢能變富。」「打開范蠡墳，花不清的金和銀。」為了制止盜墓者，又有人編出「挖開范蠡墓，走不出十八步」。

據清代縣志記載，早先古碑上除李斯篆文和赤松子笑贊八言外，還記有盜墓事，記述劉宋時（420—479）夜裡有人盜墓，挖出一石板，上書「挖此墓者，死於墓南十步外」，結果應驗。歷史上范蠡墓也確實多次被盜掘。

赤松子名載《中國神仙傳》，漢初劉邦的重要謀士張良，在晚年隱退江湖後，就跟赤松子學道。《漢書‧張良傳》：「願棄人間事，欲從

赤松子游耳。」

李斯與赤松子在墓前碑上的文字，被後世文獻簡稱為「秦篆漢贊。」

「秦篆漢贊」傳至唐貞觀元年時（627年），碑刻已風化得模糊不清，連同盜墓事，又被人重刻上石。當時，幽棲寺有一位老僧，夢見范蠡對他說：「你占我的地盤，不要泯滅了我的名聲。」醒後，老僧心內很不安，遂在此碑上又加刻了佛像和經文。

後來經過宋、元、明三個朝代，近千年的滄桑歲月，「秦篆漢贊」等又變得模糊不清。至大清康熙五十四年（1715年），重修范蠡墓時，又再次重刻上石。

《岱覽》第三十二卷，收錄了清康熙五十四年（1715年）《重修陶朱公墓贊碑》文，內容如下：

陶山之陽，幽棲之側，一冢屹然，千秋獨立。傳為越臣，於焉遺蹟。緬想當年，為越良弼。敗於會稽，困於石室，雖在顛沛，臣節不失。念在圖復，寢不安席。終能沼吳，霸業顯赫。功成者退，日中則昃。長頸鳥喙，早焉心測。知足忠完，脫君險厄。扁舟五湖，飄然遐逝。致富敵國，變名自匿，更號陶朱，鴟夷子皮。忠以事主，智以自庇。千載而下，誰可與匹。霸業雖朽，忠名不赦。墓比黃金，此土是惜。綱常既維，宇宙扶掖，滄桑幾易，乃至於今。秦篆既杳，漢贊誰識。頹然荊榛，一片孤石。蘚食文字，久可摸索。第見樵夫牧豎，躑躅而嘆於其側曰：此非越大夫之墓歟！何碑字之模糊？覺今之非昔！時維己未，春日熙熙，招侶攜朋，於此一適，憑今弔古，晨游竟夕。謁公之祠，尋公之跡。睹此

贈福財神·武強年畫

煙沒，心焉惻惻。千秋芳躅，可聽泯滅！興廢利弊，何惜千百。爰命匠石，創為再勒。非謂公之霸業於此益著，庶幾赤松子三笑三點額，指家口誦八言，不致於遂熄。肥城縣生員王管撰文，平陰縣監生張嗣宗書丹，平陰縣歲貢張岳齡重建。大清康熙五十四年歲次乙未四月吉旦。

發財還家·楊柳青年畫

乾隆三十年（1765年），有位貢生詩人李廷桂，在所著《莎園存稿》有《吟陶朱墓》詩：

「我來陶山游，落日沉煙霧。中有千年墳。荊棘穴狐兔。何人臥此眠，云是陶朱墓。……功成不自居，一朝拂衣去。身遂五湖舟，三徙名逾著。嗚呼古今來，誰與繼風素。峨峨金粟堆，蕭蕭白楊樹。死避伍胥潮，生逃弋人慕。千秋明哲蹤，彷彿此中迁……。」

李廷桂在另一首詩中又寫道：

「平生山水情，夢想幽棲寺……古木飽風霜，殘碑臥鼴。拂苔讀遺文，略辨唐宋字。卻上少伯祠，憑欄矚向背。四圍翠屏開，萬木環其內。」

清道光元年（1821年），另外一位貢生詩人尹鴻澤，也寫有《弔范蠡墓》詩：

「逃名隱姓去江湖，詎等愚夫遠智無，五霸雄圖歸小越，十年秘計沼強吳。墓碑剝蝕生苔蘚，山經荒涼滿綠蕪。富貴已著成敝屣，西施共載同隱無。」

在范蠡墓西南方向，有個小墳墓，世傳曰西施墓。傳說，范蠡幫助勾踐滅吳後，攜美女西施歸隱陶山，一塊度過美好的後半生。范蠡

先去世後，西施囑咐家人，自己死後不要把她和范蠡同穴，因為範蠡是個頂天立地的英雄，而自己與吳王共同生活多年，不要因為自己，而影響了范蠡的一世清白和英名，可埋在范蠡墓右前方，以便二人在地下相守相望。

當然，這是後人的猜測附會，是編造的美麗故事，因為誰都沒有聽到西施到底留下了什麼遺言。

范蠡的經營智慧

陶朱公范蠡的經營智慧歷來為民間所敬仰，於是有許多經營致富術托於陶朱公名下。如「經商十八忌」：

生意要勤快，切忌懶惰；價格要訂明，切忌含糊；用度要節儉，切忌奢華；賒賬要認人，切忌濫出；貨物要面驗，切忌濫入；出入要謹慎，切忌潦草；用人要方正，切忌歪邪；優劣要細分，切忌混淆；貨物要修整，切忌散漫；期限要約定，切忌馬虎；買賣要適時，切忌拖誤；錢財要明慎，切忌糊塗；臨事要盡責，切忌妄托；賬目要稽查，切忌懶

六合同春‧時招萬里財‧彌渡紙馬

怠；接納要謙和，切忌暴躁；立心要安靜，切忌粗糙；說話要規矩，切忌浮躁。

十八忌多為商家經驗之談，託名陶朱公，由此可見，他在民間商人心目中的智慧形象。

范蠡的「經商十八忌」等經營智慧，在現代商業社會大放異彩。如重慶有一家火鍋連鎖店，訂立「經商十二則」，就是從范蠡的「經商十八忌」演變而來。

其《經商十二則》具體內容如下：

一是能識人。知人善惡，賬目不負。
二是能接納。禮文相待，交往者眾。
三是能安業。厭故喜新，商賈大病。
四是能整頓。貨物整齊，奪人心目。
五是能敏捷。猶豫不決，終歸無成。
六是能討賬。勤謹不怠，取行自多。
七是能用人。因才四用，任事有賴。
八是能辯論。生財有道，闡發愚蒙。
九是能辦貨。置貨不苛，蝕本便經。
十是能知機。售寧隨時，可稱名哲。
十一是能倡率。躬行必律，親感自生。
十二是能運數。多寡寬緊，酌中而行。

財神・通海紙馬

范蠡的經營智慧是他多方面知識和才華的表現，他是一位「曉天文，識地理，善機變」的傳奇人物，文韜武略無所不精，是越國「十年生聚、十年教訓」的主要策劃者和組織者。功成名就的范蠡急流勇退，主動棄官經商，賺得巨額財富後，救危濟困，仗義疏財，在商界美名遠揚。

從范蠡經商的生涯看，他將其政治、軍事謀略用於經營管理中，駕輕就熟，勝人一籌，所以才得「居官為卿相，居家則富翁」的稱號。

關於經商，范蠡既有精闢的理論觀點，又有豐富的商貿實踐，為後世留下了可貴的遺產。范蠡身體

財神

力行，飼養五畜「十九年之中三致千金」，總結了一套管理術，所著《致富奇書》提出「物價貴賤隨供求關係變化」之理論，開認識價格變化規律之先河。

四季平安・彌渡紙馬

六畜興旺・彌渡紙馬

范蠡的人生智慧

范蠡是一位智慧財神，是因為他有人生智慧，而其人生智慧是老子的智慧。

據史料記載，范蠡是老子的弟子，他的很多思想是和老子一脈相承的。

任繼愈《中國哲學發展史》分析了范蠡的天道思想，透露出范蠡思想和道家的聯繫。

侯外廬在《中國思想史》認為，范蠡的思想可以參見為陰陽學在南方的發端。

七寶・騰沖紙馬

李學勤在《范蠡思想與帛書〈黃帝書〉》一文中寫道：「《越語下》所述范蠡思想顯然應該劃歸黃老一派。」

孔令宏認為「由老子經文子而到范蠡，是道家思想發展的一個流派」。

陳鼓應認為範蠡是「由黃老過渡到戰國黃老之學的關鍵人物」，亦即是「黃老之學的先驅者」。

范蠡對老子思想的理解與實踐，有很多值得今人借鑑的地方，體現在如下方面。

財神·高密年畫

一是不爭的人生智慧

老子說：不爭而善勝，夫唯不爭，故無尤，無執故無失。

范蠡是復興越國的首功之臣，但范蠡不爭功，更不爭權奪利，而是信奉「夫唯不爭，故無尤」理念。因為不爭名利，所以越王傷害不了他。

范蠡一生中的很多事都體現出他的「不爭而善勝」，這就是無為無不為的人生智慧，從大的方面講，他不與社會爭—取之於社會，還之於社會。也許，這正是范蠡被後人奉為文財神的原因之一。

二是功成身退的人生智慧

《老子想爾注》中「名成功遂身退，天之道」就以范蠡為例：「名與功，身之仇，功名就，身即滅，故道誡之。范蠡乘舟去，道意謙信，不隱身刑剝，是其效也。」《老子想爾注》據傳為東漢天師張道陵撰，是研究早期道教的重要史料。

吳越戰爭勝利後，范蠡及時身退。范蠡在離開越國的時候，給文種

寫了一封信，勸他及時離開，文種不聽，對越王勾踐存有幻想，仍貪戀著官位，爭競著名利。

范蠡拋棄名利，得以全身而退，而文種卻遭殺身之禍。這是他「功成身退」的人生智慧。

三是體察細節的人生智慧

越國君臣設宴慶功，群臣皆樂，唯獨勾踐面無喜色。范蠡察此微末，立識大端：越王為爭國土，不惜群臣之死，而今如願以償，便不想歸功於臣下。

從細節處，范蠡察覺到了殺身之禍，而主動逃避。

財神

四是禍福相生相隨的人生智慧

道教哲學是禍兮福所依，禍福相生相隨，范蠡深諳此道，最善於在福的頂端看到禍所伏，果斷避開。

范蠡到了齊國，在齊國海邊圍墾種田。齊國聘他為宰相，他有了「不祥」之感：「居家則致千金，居官則致卿相，此布衣之極也。久受尊名，不祥。」

在智慧的帶領下，他立即離開了齊國，隱藏於陶地。

五是選擇的人生智慧

范蠡選擇陶地也是他人生智慧的體現，陶在古時處於各國之間，是一處與各國都不相干的地方，又是一個很有發展潛力的地方，它北臨中原，南接吳楚，交通便利，正是個經商的好地方。他就是在這裡生活的十九年中三致千金。

葛洪《抱朴子·內篇·釋滯》：「范公霸越而泛海，琴高執笏於宋康，常生降志於執鞭，莊公藏器於小吏，古人多得道而匡世，修之於朝隱，

蓋有餘力故也。何必修於山林，盡廢生民之事，然後乃成乎？」

六是厚道的人生智慧

傳說魏國國王面臨一個案子，「群臣一半以為罪，一半以為不當罪」，魏王不能決斷，便請范蠡來幫忙。

范蠡先講了一個故事：「我家中有兩塊白璧，這兩塊璧的顏色、質地、直徑都差不多。但價格不同，一塊值千金，一塊值五百金。」

王問：「直徑與色澤差不多，怎麼價格差那麼多呢？」

陶朱公說：「側過來看，一塊比另一塊厚一倍，所以值千金。」

老子主張「不爭」，還主張厚道。老子說：「大丈夫處其厚，不處其薄；含德之厚者，比於赤子。」老子所說的「厚」與范蠡在這裡所說的「厚」是一個意思，即忠厚、惇厚。

七是仗義疏財的人生智慧

范蠡用自己的聰明才智，賺了很多錢，但他不當守財奴，經常仗義疏財，這在古代是不多見的。取之於社會，還之於社會。

范蠡仗義疏財的人生智慧，來自於老子的財富觀念。老子說：「金玉滿堂，莫之能守；富貴而驕，自遺其

財神‧高密年畫

咎。」想想看，這話說得卻有道理，那麼多富豪破產，又有那麼多守財奴，有哪一個能將財產流傳至今呢。

八是識人識事的人生智慧

范蠡的人生智慧從他救自己的小兒子可見一斑，表現了善於識人、識事、任人的人生智慧。

范蠡居陶，生少子。少子長大後，范蠡次子因殺人而被囚禁在楚國。

范蠡說：「殺人而死，該是如此，但身價千金的人不該死於大庭廣眾之下。」於是就讓少子去前往探視，並帶上一牛車的黃金。

范蠡長子也請命想去，范蠡堅決不同意。長子說：「家有長子，今弟有罪，不派我去，而讓少弟去，是我不成器。」說完欲自殺。夫人連忙說：「派少子去，未必能救次子，而先失去長子，怎麼可以這樣？」

范蠡不得已派長子去，命其去找莊生幫忙，並叮囑說：「到楚國後就進獻千金給莊生，聽任他從事，千萬別與他爭。」長子出發了，卻在路上私積數百金。

范蠡長子到楚國後，把信和重金交給莊生。臨別時，莊生告誡說：「你趕快離開，千萬別停留，等你弟弟出來後，別問是怎麼回事。」

長子卻沒有聽從莊生的話而私自留下，並把路上私積的數百金，分送給其他自認為能幫上忙的楚國貴人。

莊生家很貧窮，但他以廉直聞名於國內，自楚王以下人民都像對待老師那樣尊敬他。作為信義之人，莊生對於范蠡進獻的黃金，並無意接受，而打算在事情辦成後再還給他。而范蠡長子並不知其意。

莊生入見楚王，稟告說：「我觀察到天上有某星停留在某個位置，表明楚國會有災害。」楚王平素信任莊生，向他瞭解解決之道。莊生回答說：「只有德行可以消除。」楚王決定以赦免罪犯來消除災害。

楚國貴人得到消息後連忙給范蠡長子報信。范蠡長子想，既然弟弟可以獲得赦免，千金送莊生，不是白白浪費了嗎？於是就又重返莊生家。莊生驚訝地問：「你怎麼還沒走？」范蠡長子回答說：「我聽說楚王要赦免我弟弟，特來告知辭行的。」

莊生明了他的想法，就說，你自己進房內去取金子吧。范蠡長子帶走了金子，獨自歡慶。

莊生因范蠡長子的行為感到羞辱，就入見楚王說：「您想以德行消除災難，可我聽見路人都說陶的富人范蠡之子因殺人囚禁在楚國，他家人用重金賄賂王左右之人，因而王不是因體恤楚國而行赦免，是為了范蠡之子。」

楚王大怒說：「寡人雖不德，怎麼會因為是范蠡之子就特別照顧？」

於是令殺掉范蠡之子後，明日再下特赦令。

范蠡長子呢，自然是帶著弟弟的死訊回到家。母親和國人都感到悲哀，唯有范蠡獨笑說：

「我早就知道他弟弟會被殺，不是他不愛他弟弟，是有所不能忍呢！他從小與我在一起，見到我的困苦，為生的艱難，不忍捨棄錢財。而少弟生在家道富裕之時，坐乘完備，並不知財富的來源，因而很易棄財，不會吝惜。我先前決定派少弟去，就是因為他能捨棄錢財，而長子不能。次子被殺是情理中的事，無足悲哀，我日夜在等他的喪訊傳來。」

范蠡派子救小兒的故事，也被稱為「三聚三散」的最後一「散」。

范蠡每到一處都能成名於天下。這位古人，在名利面前，始終保持著清醒的頭腦，進退自如，以保全自身為根本，功名富貴的捨得，就在這先聚後散中，表現出人生的智慧，而給後人帶來的則是人生哲理的啟迪。

范蠡的年畫形象

從現存年畫實物來看，陶朱公的財神形象也是確立在明清之際。日

財神夫婦・武強年畫

財神夫婦（墨線版）・武強年畫

財神，這樣拜就對了

本王舍城美術寶物館收藏有《陶朱致富圖》，《中國美術全集》收錄有《陶朱公種竹養魚致富全圖》，這些年畫實物據考證均是清初蘇州桃花塢的作品。

清代天津楊柳青年畫中也有文財神陶朱公的形象，現在遺存下來許多不同材質的明清文財神形象，據考證，一部分就是文財神陶朱公。

從年畫來看，范蠡和比干的形象沒有什麼差別，民間藝人將他們兩人形象似乎混為一談了，可能是因為他們兩人都被稱為文財神，其構圖和形象就沒有差別了。同一張文財神年畫，有人稱其為范蠡，有人稱其為比干。或者，說到范蠡和比干，人們指稱的往往是同一張財神年畫。同時，增福財神和財帛星君也是指他們兩人。在財神形象上，每個財神都有其特點，唯有他們兩人沒有區別，可以互指。

財神‧楊家埠年畫

8

增福財神

古人黃斐然《集說詮真》言:「聚訟紛如,各從所好,或渾稱曰財神,不究伊誰。」

中國各時代各地區,對於財神的認識不完全一致,所奉財神因時、因地而異。增福財神是一個特徵概念,即表示財神的特徵是給人增福的,它是一個泛指的概念,又是一種形象的標識,是一個吉祥的符號。

增福財神的來歷

人人皆知增福財神,都熟悉增福財神,但如果問到增福財神到底是誰,似乎一下子說不清楚,因為他沒有傳說,沒有故事,他不是具體指某一個財神,而是指幾個財神,指一群財神,一個財神集團,甚至不僅僅指財神,還指福神。他似乎是財神和福神的混合體,福神因為他而搖身一變為財神,財神因他往往又成為福神。

具體而言,增福財神是文財神,從年畫形象上看,主要是指比干和范蠡。此外,還有其他文財神及天官、福神等。

增福財神的來歷,泛義上,是來自民眾對福和財的渴望,而增福財神的出現,滿足了民眾的願望。

增福財神最早的圖文可能來自《三教搜神大全》一書,該書上面繪有增福相公一圖。並有文字稱:「李相公諱詭祖,在魏文帝朝治相府事。」

這位增福相公就是增福財神的源頭,他兼管朝中三品以上官人衣飯祿料,及在世居民每歲分定合有衣食之祿。

後唐明宗天成元年(926年),有「神君增福相公」之稱。

明清會館常供奉增福財神,如山西臨襄會館的《重修臨襄會館碑》中就記

增福財神·民國

載：「內供協天大帝、增福財神、玄壇老爺、火德真君、酒仙尊神、菩薩尊神、馬王老爺諸尊神像。」

有人認為增福財神即比干。《封神演義》有比干強諫紂王、被紂王剖心的情節，因貧者求財不可得，富者求之越聚越多，所以有人說財神是無心之比干宰相，在古代會館和家庭均有供奉。

也有人認為增福財神是范蠡，三聚三散，給人間帶來財富和幸福。

民間還有一種傳說，說增福財神為二十八星宿之一，主司財，是民間奉祀的文財神之一。

增福財神‧平度年畫

增福財神的形象

通常，在增福財神的年畫上，都印有「增福財神」四個字，增福財神的形象即文財神形象，為文官模樣，頭戴烏紗，容貌富態，身穿紅袍，手持如意，足蹬元寶。

有的增福財神年畫上是一個面白長髭的長者，身穿錦衣系玉帶，左手捧著一隻金元寶，右手拿著寫上「招財進寶」的捲軸，面似富家翁。

有人把持「天官賜福」詔書的神，也稱為增福財神。其實，天官就是天官，財神就是財神，兩者是兩種神。

但因為財神多了「增福」二字，

增福財神‧平陽年畫

145

天官就是福神，所以說他是增福財神，也並沒有說錯。

不過，真正的增福財神與天官還是有所區別的，增福財神面容較為平靜，而天官滿面笑容。

增福財神與財帛星君

有時，我們看到一幅財神年畫，稱為增福財神，也稱為財帛星君。其實，他們都是文財神。

增福財神的年畫繪像經常與福、祿、壽三星和喜神列在一起，合起來稱為福、祿、壽、喜、財。

增幅財神‧聊城年畫

儘管民間不分增福財神和財帛星君，但兩人的來歷還是有區別的。通常增福財神是比干和范蠡，而財帛星君相傳是天上的太白星，屬於金神，他在天上的職銜是「都天致富財帛星君」，專管天下的金銀財帛。

財帛星君臉白髮長，手捧一個寶盆，「招財進寶」四字由此而來。

不管誰是增福財神，誰是財帛星君，求財的看見財神就拜，對他們都非常尊敬，有些人甚至日夜上香供奉。一般人家春節都要懸掛他們的圖像於正廳，祈求財運、福運。

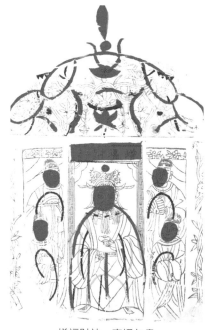

增福財神‧南通年畫

財神，這樣拜就對了

146

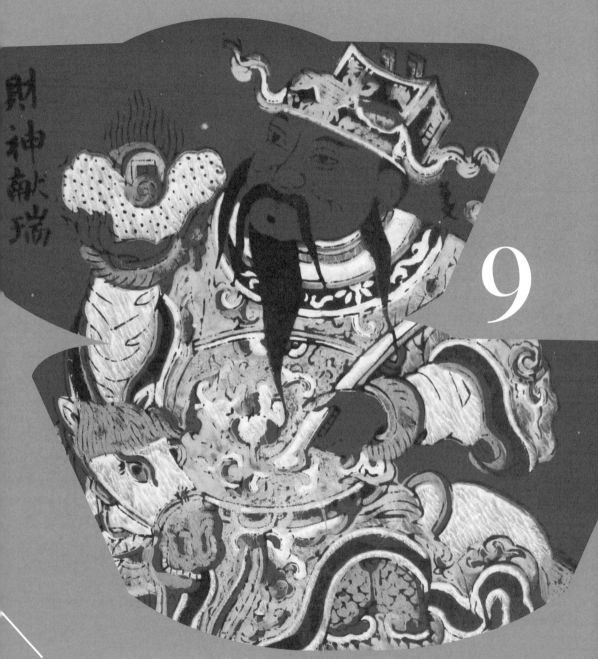

財神獻瑞

9

功名財神
文昌帝君

文昌帝君，又稱為「梓潼星君」、「梓潼帝君」，全稱「談經演教消劫行化更生永命天尊」。

文昌原是天上六星之總稱，即文昌宮，民間稱「文曲星」。後來，元仁宗時，文昌被封為帝君，梓潼神與文昌神合為一，成為掌管士人功名利祿的神仙，也是中國古代科舉士子的守護神。因為掌管士人功名利祿，所以也是一位文財神。

文昌帝君信仰

文昌帝君上管天界的各種仙籍，中管人間的壽夭禍福，下管十八層地獄的輪迴。

道教典籍《文昌帝君陰騭文》成書於宋元時代，列舉古代士人行善得福的事例，說明善有善報、惡有惡報，「近報則在自己，遠報則在兒孫」的因果報應，勸人行善積德。

自古以來我國提倡學而優則仕，有錢有勢的為不失家風，無錢無勢的為改變社會地位，告別貧困，都想讀書做官。於是在這樣的氛圍中，文昌信仰應運而生，莘莘

文昌梓潼帝君‧南通年畫

學子大都會去祭拜文昌帝君，所以得到的民間香火也旺盛。

文昌信仰源於我國的星辰崇拜。《史記‧天官書》上說，北斗之上有六星，統稱為文昌宮。宮中所有星神都能主宰人的功名利祿。從漢朝以來，對文昌的信仰從未淡化過。讀書人出門在外要請一尊文昌神像，以便隨時祭拜求助，國家、家庭祀典也都少不了祭文昌帝君的。

張亞子即文昌神

傳說中的張亞子，原是梓潼當地的雷神或蛇神。唐朝時，因「安史之亂」唐玄宗被迫將愛妃楊玉環賜死並西逃四川，路過七曲山時，他夜宿上亭鋪，做了一個好夢：一個頭戴方巾的儒生告訴他安史之亂已平，祝他一路順風。

皇上的侍衛詠出了「細雨霏霏七曲旋，鄧噹有聲哀玉環」的詩句，梓潼山因此被稱為「七曲山」。

當唐玄宗由成都返回長安途經七曲山時，見廟中所塑的小神張亞子與為他託夢的儒生極為相似，感恩不盡的唐玄宗即封張亞子為「左丞相」。

後來，黃巢起義軍攻得僖宗逃到四川，僖宗追思前事，即封張亞子為「濟順王」。

不過，《明史》上記載，「神姓張，名亞子，居蜀七曲山。仕晉戰沒，人為立廟。唐、宋屢封至英顯王。」

道教將他吸收進自己的神譜，安排在文昌府中主司祿籍，並將地名尊作神名。

到了宋代，遍布全國的道教推波助瀾，稱「奉玉皇大帝旨意，張亞子晉封為文昌帝君，掌文昌府事及人間祿籍」，將張亞子說成是天上的文曲星下凡。

宋代科舉大盛，張亞子信仰隨之而盛。民間傳說士大夫祭祀張亞子，必能官至宰相；進士祭祀張亞子必至殿魁。王安石幼年祭拜張亞子，果然官至宰相。

元代皇帝元仁宗封張亞子為「輔元開化文昌司祿宏仁帝君」。至此，梓潼的小神張亞子一躍成為「帝君」，七曲山也就成了「帝鄉」。古代讀書人都是

文昌帝君・保山紙馬

149

文昌的崇拜者。

明朝時天下學館都立文昌祠。

清朝規定，每年二月初三為文昌誕辰紀念日，朝廷派員參加祭祀活動。

現在，我們所稱的文昌帝君實際上是文昌與梓潼的結合體。有的地方稱其為「文曲星」。歷史上的形象是雍容慧顏，騎白驢，有兩個孩童陪伴。現在，上海城隍廟裡文昌帝君的形象是坐相，穿袍、長鬚、慈眉、慧眼，頭戴飾玉官帽，書生氣十足。

文昌化改・保山紙馬

拜財神祭文昌

大年初五，百業多啟市，即商戶放假往往至遲不超過初五。商戶多擇吉日吉時啟市，擇日者多遷就於初五啟市，若擇開市之日遲於初五，店東及夥計亦須初五回鋪，彼此團拜，且祭財神，然後食神福、飲酒始散。

所謂神福，即祭神之菜餚，白斬雞、燒豬肉乃必備之物，然後便是豆腐煮魚，稱為「富富有餘」；髮菜、豬手，稱為「發財就手」；髮菜火腩燜蠔豉，稱為「好市發財」；紅燒冬菇加生芫菁，稱為「東成西就」。諸如此類的菜式，皆取吉祥寓意。

文昌帝君・保山紙馬

若仕宦之家，則不祭財神，改祭文昌，所用祭品，為「包發高中」——此日則用紅包、大發、鬆糕、鹹水粽四式。然必須備白糖、黃糖各一碟，糖須撥成元寶形，是謂「金銀元寶」。

凡祭文昌，先於大書房臨時設一供桌，由家中功名最顯赫者書寫文昌牌位。牌位用冷金箋，以硃砂書寫。祭時即由此書寫牌位之人先祭，然後始論行輩依次拜祭。功名最顯赫者若為小輩，便祭在長輩之先矣。

財神獻瑞・漳州年畫

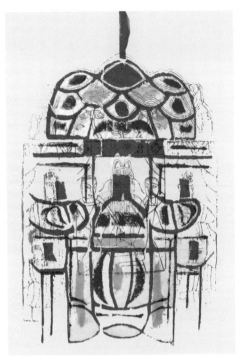

文昌帝君・南通年畫

若長幼功名相若，則仍推長輩書文昌
牌位。

　　祭拜文昌，還講究風水方位。文
昌位在戶型的正北位置，財位看整個
戶型圖，應在戶型的西北角，如果西
北角缺損，則財力不順。

　　文昌財位的擺放，選擇進門後直
對客廳最遠的角落，如果有兩個角，
則要在兩個角都擺放招財之物。

　　此祭唯男性為之，婦女不宜祭之。

文昌帝君・玉溪紙馬

財進路

10

偏財神
五路財神

五路財神一般認為是偏財神，所謂偏財神，顧名思義，有別於正財神，是與正財神相對而立。在我國傳說中有文武財神，是民間所謂的正財神，在正財神之外，依獲得財富的途徑和神像所在的位置來看，還有偏財神。

民間偏財神經常是指被稱為「五路神」的財神，五路財神有多種說法，在《封神演義》中，五路財神指的是趙公元帥、招寶天尊蕭升、納珍天尊曹寶、招財使者陳九公和利市仙官姚少司。五路財神都是吉祥神，也是民間吉慶年畫中常見的形象，深受人們的愛戴和崇拜。

五路財神不是一個人，而是一個財神小團體，自宋代開始流行，有五聖信仰，後來又有五顯、五通、五道、五盜、五子、五路等。作為中國財神隊伍中的一個群體，他們的來歷有多種傳說，身份由來也一直眾說紛紜，因此，五路財神到底是哪五位財神，有多種說法。

趙公明統帥說

很多地方指趙公元帥及屬下的招寶天尊蕭升、納珍天尊曹寶、招財使者陳九公、利市仙官姚少司為五路財神，這是五路財神最通常的說法，有的地方也稱五顯財神。

五路進財‧武強年畫

清代開始五路成了一路，總稱為財神，神像也由群像變為單一神像。老百姓失去了研究五路財神的興趣，在不少地方都將趙玄壇當做五路財神的代表，可從面相、裝束、坐騎上得到證明。

擔任財神爺的角色紛雜，最普遍崇拜的是趙公明，道教徒曾封他為「正一玄壇趙公元帥」，因此俗稱「趙公元帥」。他的形象是戴鐵冠、騎黑虎、執鐵鞭，故又稱「黑虎玄壇」。

說起這位財神爺的出身，最早是一位「鬼王」、「瘟神」。東晉干寶《搜神記》說他是天帝遣下督鬼取人性命的「將軍」。隋唐時期他又被視為「在天為五鬼、在地為五瘟」的「秋瘟」神。直到明代，他還率領鬼兵，在人間「下痢」（散布痢疾，讓人拉肚子），被稱作「八部鬼帥」之一（見《列仙全傳》）。

直到神魔小說《封神演義》，他才成為武藝高強的「道仙」，雖然「助紂為虐」去攻打姜子牙，但死後在姜子牙的「封神演義」上被封為「金龍如意正一龍虎玄壇真君」。他的徒眾，分別被封為招寶、納珍、招財、利市四位小神。

從此他「改邪歸正」，在明人編的《三教源流搜神大全》中，他既能「驅雷役電，喚雨呼風，除瘟剪瘧，保病禳災」，是位威風凜凜的大神；同時，「訟冤伸義，公能使之解釋；買賣求財，公能使之宜利和合。但有公平之事，可以對神禱，無不如意」。

於是，民間便把他視為財神爺，加上他手下的四位小神，被稱作「五路財神」，有的地方稱他們為「五福財神」。

如今，中國有些地區還保留著五路財神廟，如台灣台北近郊的石碇鄉，就有一處五路財神廟，是在台灣人氣較旺的財神廟，它正殿奉祀的便是趙公明五路財神，有武財神趙公明，還有招財使者、進寶天尊、納珍天尊、利市仙官四

五路財神（民國）

五路財神‧南通年畫

155

位財神。

　　台北五路財神廟的整體造型以金元寶為主，從天公爐、樓柱雕花到燭台，都是充滿「福報、福氣」的元寶形貌，整座廟金碧輝煌，要讓善男信女一到就有發財的感覺。

　　台灣民俗認為，五路財神廟是讓信徒向財神求財、借財氣、借財運。當地民間傳說要求事業有成、大發利市者，就要拜正財神；要求賭運、巧運、簽運、從旁門左道獲得財源，就要拜偏財神。

　　大年三十這一天俗傳是「五路財神」的生日，閩南稱「天神下降」，台語叫「路頭神」。為求大

利市仙官・開封年畫

發利市，商店這一天多在街邊燃香拜神，求五路財神的保佑。

　　每年大年初五是民俗迎財神的日子，很多地方就是迎趙公明五路財神。

　　蘇州民俗博物館展廳中，由一百八十件小擺設組成「五路財神出宮巡行儀仗隊」，再現了舊時中秋節蘇州的財神信仰民俗。

　　趙公明統帥五路財神說中，另四名財神中最重要的小財神是利市仙官。

　　民間供奉的文、武財神，身旁往往都要配備利市仙官這一小財神，因此，利市仙官可說是地地道道的偏財神。

　　利市仙官名姚少司，《封神演義》述其為趙公明的徒弟，姜子牙封其為迎祥納福的利市仙官。

　　所謂「利市」，在俗語中為「走運」、「吉利」的意思，包含三重含義：一是指做買賣時得到的利潤，古語「利市三倍」，三倍即為厚利；二是指吉利和運氣；三是指喜慶或節日的喜錢，如壓歲錢等。

宋元期間，利市仙官已經流行。元人虞裕《談撰》云：「江湖間多祀一姥，曰利市婆官。」可謂後世「財神奶奶」的源頭吧。

如此看來，利市仙官或許並非只是小財神。

利市仙官的內涵迎合了商家圖吉利、發大財的喜好，舊商家新年之際，將其像廣貼門庭，以圖吉利，因此，這一小財神亦身價倍增。

人們信奉利市仙官，是希望得利市財神保佑生活幸福美滿，萬事如意。每到新年，人們把利市仙官圖貼到門上，並配以招財童子，對聯寫道「招財童子至，利市仙官來」，隱喻財源廣進、吉祥如意。

五顯財神說

明朝以來，江南形成祭祀五路財神的習慣。這五路就是五顯，即顯聰、顯明、顯正、顯直、顯德，顯然是偏重於社會公德。

五顯財神指的是五位異性結義兄弟，大哥曹仁廣、二哥劉義廣、三哥李誠廣、

五顯財神·玉溪紙馬

四哥葛信廣、五弟張智廣，生前劫富濟貧，死後懲惡揚善，保佑窮苦百姓，因為兄弟五人封號首字皆為「顯」，故稱五顯財神。

目前在一些傳統保留較好的地區，如在江西婺源古村落，五顯財神信仰仍很流行。其實，不僅江西，在北京安定門外也有五顯財神廟，五顯財神信仰是全國性的。

路神·行神說

五路財神又稱「路頭財神」、「路頭之神」、「五路神」，指「路神」，又稱「行神」。先秦時就進入祭祀典儀，後喻東南西北中五方，處處皆有神，路路都通財。

很多地區民間傳說財神即為五路神。清人姚富君說：「五路神俗稱財神，其實即五祀門行中之神，出門五路皆得財也。」所謂五路，指東西南北中，意為出門五路，皆可得財。也有人說是五方，意味著處處有

生財之道，勸人勤勞致富。

清代顧祿《清嘉錄》記載正月初五「為路頭神誕辰，金鑼爆竹，牲醴畢陳，以爭先為利市，必早起迎之，謂之接路頭。」所謂「路頭」，即五祀中之行神：「今之路頭，是五祀中之行神。所謂五路，當時東西南北中耳。」

民間傳說，財神由路神演化而來，主管東西南北中五路財源，意為出門五路，皆可得財。這是受到五行觀念影響，認為天地廣闊，財寶當然也要分區處理。拜五路財神，就是收盡東南西北中五方之財的意思。

五路之神・南澗紙馬

北京朝陽區西北部五路居，與五路財神也有些瓜葛，其來歷說法不一。

一說此地曾有一家小茶館，因是姓武和姓陸二人所開，得名「武陸居」，後諧音為「五路居」。但此說過於牽強，不可置信。

二是說此地曾有一座財神廟，裡面供奉著五路財神。據說拜過這五路財神，就能收盡東南西北中五方之財，所以這裡的香火很旺。後來有人在廟旁開了家小飯館，得名「五路居」。民國時此地形成村落，稱「五路居村」。

路神・通海紙馬

上海舊曆年有搶路頭的習俗。正月初四子夜，備好祭牲、糕果、香燭等物，並鳴鑼擊鼓焚香禮拜，虔誠恭敬財神。初五日俗傳是財神誕辰，為爭利市，故先於初四接之，名曰「搶路頭」，又稱「接財神」。

這種由祈利求財心態所誘發的搶先祭神風俗，在清人蔡雲的〈竹枝詞〉中表現得淋漓盡致：「五日財源五日求，一年心願一時酬；提防別處迎神早，隔夜匆匆搶路頭。」

因為「路頭」即五祀中的神，凡接財神須供羊頭與鯉魚，供羊頭有「吉祥」之意，供鯉魚是圖「魚」與「餘」諧音，討個吉利。人們深信只要能夠得到財神顯靈，便可發財致富。

路神·通海紙馬

因此，每到過年，人們都在正月初五零時零分，打開大門和窗戶，燃香放爆竹，點煙花，向財神表示歡迎。接過財神，大家還要吃路頭酒，往往吃到天亮。大家滿懷發財的希望，但願五路財神能把金銀財寶帶來家裡，在新的一年裡大發大富。

路神在五路財神的說法中，內涵最為奇奧，源頭也最古。

五聖財神說

傳說五代時有一夥強盜結義為兄弟，靠搶劫發了財，後來良心發現，以未能盡孝道為憾。於是找了一位貧困已極的老太太奉為母親，事事甚孝，言必聽之，從此改惡從善，死後被人們供奉香火，屢顯靈異。

路邊·通海紙馬

五顯、五通、五聖、五路等名號常搞混。有人說，雖然五通也會被當做偏

五路神兵·彌渡紙馬

財神來拜，但也不宜將他們直接等同於五路財神。

祭五祀說

五路財神在民間的多種說法中，還有一種說法，認為這五路財神其實是指民間的祭五祀—戶、灶、中溜、門、行，即祭戶神、灶神、土神、門神、行神。

五神廟說

五祀·玉溪紙馬

民間傳說，五路財神源自朱元璋。

傳說明初洪武三年（1370 年），朱元璋大封功臣，賜田給財，起屋蓋房。那些陣亡的將領，則立廟旌表，蔭及妻兒，煞是熱鬧。

可是這事不算完。一天晚上，朱元璋夢見無數血染征衣、遍體鱗傷的士卒來找他講理，都言我們生前甘冒矢石，為大明江山的創立而陣上捐軀。如今那些當官的都能住進廟祀，享受血食，唯我們倒成了無可依附的遊魂野鬼，太不公平！倘不速加撫卹，可別怪我們故意讓陛下為難。

朱元璋一聽，害怕了。常言道，一將功成萬骨枯，自己能坐上這皇帝寶座，得有多少白骨墊腳呀？如果一起來搗亂，還坐得穩江山嗎？只是這幾十萬陣亡士卒的血食供奉，倘都由國庫包下來，實在是一筆浩大開支，挺讓他心疼的。

虧他腦筋會轉，一轉轉出個兩全其美的妙計，即對眾鬼道：「你們為數甚眾，朕無法一一稽考。不妨仍像

五方五路之神·下關紙馬

生前在部隊時那樣，以五人編為一伍，分赴天下州郡，處處可受血食。」
眾鬼大喜，拜謝辭去。

次日，朱元璋頒詔天下：命各府州縣鄉里社，各建五神小廟，供百
姓四時祭祀。但他不道明這是為陣亡士卒供享，怕老百姓提不起興致，
卻說是夜來有東西南北中五路財神給朕託夢，願與天下賜福送財，唯求
處處不失祭享。

這一招果真靈驗，建造五神廟一時形成風氣，其熱潮遍及全國
城鄉。

何五路說

在江南流傳五路神姓何，名五路，說是元末（一說是明嘉靖三十三
年），倭寇侵擾吳地。民間紛紛組織義軍抗敵，其中無錫的何五路是抗
倭英雄，他帶領義軍，奮勇抗敵，最後為保衛吳地英勇戰死。

對此，《無錫縣志》載其為元末抗倭英雄，為倭寇所殺，民間祀之
為神。

人們為紀念這位禦寇而死的
英雄，於是就立像供祀，但因為何
五路是普通百姓，沒有功名。按照
封建統治規定，是不能放在正廳裡
的。人們只能在大門旁邊設立路頭
堂祭祀。最初在路頭堂內貼的是何
五路的畫像，逢年過節都向他斟酒
祭奠。

也有人說，五路財神和五路
神並不相同，因人們逢年過節都向
五路神何五路斟酒祭奠，後來以訛
傳訛把何五路神化，稱他是五路財
神，並演化為五路財神的像。就這
樣何五路變成了財神爺。四百多年

五福大神·保山紙馬

來，無錫人民一直保持著接路頭的民俗。

民間還傳說五路神是南朝名臣顧野王的五個兒子。

何五路和顧野王的五個兒子這兩個五路神，雖然因音近之故被訛傳作五路財神，其實和財富的關聯都不大。但民俗中不管這些，還是有些地方將這兩組五路神也稱為五路財神。

特別是何五路的故鄉吳地，更相信何五路就是財神。他們認為正月初五是路神生日，因路神姓何，故稱何路神。舊時，吳地民間習俗正月初五商舖新春開市，第一件事便是「請路頭」（迎路頭菩薩，路神顧名思義也就是路的頭，簡稱路頭），祈求開市大吉，財源滾滾。特別是農村七十歲以上的老人，大多都曉得正月初五是「路頭菩薩生日」。家家戶戶都想將路頭菩薩接到家中，為他祝壽，好好地對他孝敬一番。如果能由此而巴結上路神，路一通，什麼都通了，那這一年就一定會財源滾滾，往後的日子便不用多說了。

路頭在吳地就是何五路，屬於偏財神，因為何五路是沒有官銜的草民，因此就算不上是正財神，只能偏居一隅，所以被稱為偏財神。

五道猖王・保山紙馬

靈應財神說

靈應財神指家住岑南的伍姓五兄弟，原是劫富濟貧的綠林好漢，後被捉殺。死後陰魂不散，能使貧者富，富者財落，被稱為「靈應財神」。

因他們能使貧者富裕，為窮人帶來財富和幸福，也叫「五福大神」。

五猖神說

五猖神又稱「五通神」、「五道猖王」，或「五郎神」，是橫行鄉野、淫人妻女的妖鬼。因專事奸惡，稱為五猖神。

五狷神來歷複雜，一說指唐時柳州之鬼；一說是朱元璋祭奠戰亡者，以五人為一伍；一說為元明時期騷擾江南、燒殺姦淫的倭寇。

總之，五狷神為一群作惡的野鬼。人們祀之是為免患得福，福來生財。遂當做財神祭之。

五狷神以偶像形式在江南廣受廟祀。

五道猖王・保山紙馬

五位俗神說

指五位與人們生計安全密切相關的五位俗神，即土地神、馬（牛）王神、仙姑、財神、灶神的合稱。

也有人說，財神只是上述五路神中的一路而已，並非五路皆是財神。

五大財神說

也有人將五路財神說成是五位最著名的大財神。

第一位是武財神關帝，以忠信取財；第二位是武財神趙公明，俗傳可催快財；第三位是文財神比干，公正無私不偏不向；第四位是范蠡，最會聚財也善散財；最後，第五位是土地財神。

武財神關帝・武強年畫

前四位前文已詳述過，而土地神是坊間最普遍供奉的神祇之一，是職級較低的殿觀、墓園、山林、城鄉、村社、店舖、住宅等局部地區的守護神，其職能是保護本區生靈的安全和財產，並管治陰間的鬼魂，故對於社區民生的影響力較大。而土地廟亦散布於各地，甚至每家每戶供奉，祈求衣食無缺、福澤無恙、貴人多

遇、財源稱心等切身願望。土地神可謂職小權廣的財神，懂得法術之士可運用符咒施法，召請土地神為他們辦事。

文武義富偏說

　　也有「文、武、義、富、偏」五路財神的說法。除了「文財神」比干、「武財神」趙公明二路之外，關公因為掛印封金一介不取，被尊為「義財神」，而與武財神劃分清楚。

　　明初首富沈萬三傳說擁有聚寶盆，財可敵國，甚至能和朱元璋競築南京城，被奉作「富財神」。

　　最早到東南亞經商，被稱作「大伯公」、「土地公」的華僑蘇福祿，由於開偏遠地區之利，被當做職司「偏」遠財富的「偏財神」。

文財神比干（清）

　　這種將財利劃分為遠「南洋」、近「中原」的說法，其實和財分五方的觀念有些雷同。偏財神的產生也可能和近代中國對外交流、通商、移民的背景有關。

　　這裡的偏財神並非專以旁門左道之法取財，故文、武、義、富、偏五路都可以算做正財神。

五姓財神說

　　五姓財神是藏傳佛教的財神，梵名為瞻巴拉、闍婆羅、霧神，舊譯布祿金剛。

　　西藏和各地具有財神屬性的神祇，都被組織起來，並賦予佛教上的含義。藏傳佛教中五姓財神像的身色，分別是綠財神、白財神、紅財神、黃財神、黑財神，他們都成為佛教的護法或本尊。

一、綠財神

綠財神受釋迦牟尼囑託，為一切貧苦大眾服務，賜予世財、法財，居於五姓財神的中央，是由無上瑜迦部的不二續「時輪金剛本續」所傳出的，為東方不動佛所現的應化身。

二、白財神

白財神主司智慧、功德及財富，相傳為觀世音菩薩悲心所化現，一身為白色，表示能使一切眾生具足潔白妙好之財寶，能袪除疾病，除去一切貧苦和罪惡障礙，增長一切善業，使一切受用資具財物富饒增上。

三、紅財神

紅財神是薩迦派中一位功德無比的財神，能招聚人、財、食等諸受用自在富饒的功德，在藏密薩迦派中，非常重視紅財神的密修方法及教言。

修習紅財神法，持誦唸咒，可獲得紅財神護佑，財源茂盛，能免除貧窮及一切經濟困境。而此修法也隨著修行者的發心獲得不同的果報，如果是發起無上菩提心者，則可得證世間及出世間福德圓滿，若是求世間財富者，亦可滿足，若是赤貧者，也可獲得食物充足的利益。

財神·通海紙馬

招財進寶·昆明紙馬

165

四、黑財神

很多人認為黑財神是五姓財神中施財立即見效的財神，甚至稱他為財神王。修持黑財神法門，可獲其庇佑，消除怨敵、偷盜、病魔等障，使諸受用財富增長。

五、黃財神

黃財神名為藏拉色波（或譯為藏巴拉・些玻），主司財富，能使一切眾生脫離貧困，財源廣進。

黃財神是藏傳佛教各大教派普遍供養之護法神祇，為諸財神之首，因其身相金黃，故稱黃財神。

黃財神是護法的天神兼具施福的神尊，面貌莊嚴，身形雄壯，頭飾五佛冠，一手持如意寶瓶，一手握著寶鼠，象徵數也數不盡的無窮財寶與吉祥富貴，身著天衣及珠寶瓔珞為裝飾，胸掛念珠，右足踩海螺天寶，左曲足以如意姿勢安坐於蓮花月輪上。

當初釋迦牟尼佛在靈鷲山宣說大般若經時，諸魔鬼神等皆前來障礙，令高山崩塌，大眾驚恐，此時黃財神就現身庇護，後來為世尊囑咐黃財神，當於未來世幫助一切貧困眾生，為大護法。

按密宗財神法門，藏傳佛教中最常見的財神本尊就是黃財神。一說黃財神的身、口、意、福業、功德等又化身成五色財神，即黃財神為意、紅

日進斗金・漳州年畫

財神・高密年畫

財神為口、白財神為身、
藍財神為福、綠財神為功
德化身。

而黃財神是集所有財
神的化現總合，眾生修習
財神法的功德利益是非常
殊勝的，可讓修持者俱足

招財進寶・昆明紙馬

因緣福報，以發心向善，不致被生活窘境所困擾，方便安心求道。

修習財神法門，只要以虔誠之心持誦唸咒，即可獲得黃財神的加持
庇佑，能財源廣進，能使人財利俱足，免除貧窮，免除經濟壓力及一切
的窘境，更能增長福德智慧並延壽。

五界財神說

五界財神是文財神比干和范蠡、武財神趙公明和關公，還有一位是
柴王。

柴王推車對我生財・朱仙鎮年畫　　　　柴王推車日進斗金・朱仙鎮年畫

柴王推車滿載而歸．開封年畫　　　　　　柴王推車黃金萬兩．開封年畫

　　五界財神和五路財神並不完全一樣，但也有相同之處，也可以當成五路財神來理解。文財神比干和范蠡、武財神趙公明和關公在前文都有詳細介紹，不再重複，這裡重點介紹柴王。

　　柴王本是天界主管財富的天富星，是地界神祖姜太公的後裔。傳說玉皇大帝派柴王來到地界主管天下財富，他到地界的第一事，就是拜會三山五嶽諸神。

　　柴王先後拜了堯山的張果老、廬山的呂祖、武當山的陳摶老祖。拜訪泰山時，由於泰山神被玉皇大帝調離另有任用，暫缺泰山神一職，柴王就向玉皇大帝申請出任泰山神。由於觀音菩薩已經推薦了碧霞元君為泰山神，柴王後來就放棄了做泰山神的念頭。

　　柴王來到武當山，找到自己的師傅陳摶老祖，並在武當山修建財神廟，做為主管天下財富的府地。

　　柴王經常雲游天下各地的財神廟，和前四界財神一起共同掌管天下財富。

　　儘管五路財神的來歷有多種說法，但是有一點是相同的，即每年正月初五是五路財神的生日。這天只要天剛放亮，城鄉各處都可聽到一陣陣鞭炮聲。為了搶先接到財神，商家多是初四晚舉行迎神儀式，準備好果品、糕點及豬頭等祭祀用品，請財神喝酒。屆時，主人手持香燭，分別到東南西北中五方財神堂接財神，五位財神接齊後，掛起財神紙馬，點燃香燭，眾人頂禮膜拜，拜罷，將財神紙馬焚化。

11

江南財神
沈萬三

沈萬三可謂是中國的東方財神，為何稱他為東方財神呢？因為在南方沿海，很多人並不知道沈萬三的名字，在中國北方和西部，也只知道趙公明和關公是財神，對沈萬三沒有印象。而在江浙一帶，沈萬三卻是大名鼎鼎的財神，人人皆知。至今在周莊水鄉，家長會喝斥掉下飯粒的孩子說：「家裡有個沈萬三啊？」這句話的意思是：你又不是財神，怎能鋪張浪費！

沈萬三是代代敬仰的財神，不僅在其故鄉周莊，而且在南京的中華門城牆磚上，也傳神地記載著沈萬三聚寶盆的故事。在江浙一帶，人們都以沈萬三為財神楷模，至今津津樂道於他的財神故事。

沈萬三其人

在六百多年前，中國商界出了一位曠世奇才，他就是元末明初的首富—沈萬三。在「商聖」的行列中，沈萬三是一個響噹噹的名字。

沈萬三大約出生在元大德末年，即 1307 年前後（一說 1330 年），比朱元璋大二十一歲。沈萬三原名沈富，字仲榮。他在兄弟中排行老三，後來發達了，於是人們都叫他「沈萬三秀」。萬三者，萬戶之中三秀，所以又稱三秀，在《明史》中又被叫做沈秀。

為什麼叫「秀」呢？因為元明時期的社會稱呼是由姓氏和排行組成的，或加「哥、畸、郎、官、秀」表示五個等級，「哥」最窮，「秀」最富。比如，《水滸傳》中稱武植為武大或武大郎，「三言」中也稱王金龍為王三官，而沈富是當時最有錢的上等人，並且在兄弟中又排行老三，所以人們就尊稱他為「沈萬三秀」。

其中，「萬」字按

沈萬三夫婦和聚寶盆發財樹・朱仙鎮年畫

財神，這樣拜就對了

照《左傳》記載：「萬，盈數」，也就是富裕無比的意思。在漢代銅器中，就有「日利大萬」的吉語。然而，據《宋平江城坊考·錢萬二橋街》記載，這種稱謂卻不流行於士大夫之間。由此可見，加「萬」字相稱是當時市俗中人對富人的一種禮貌稱謂。不

買賣興隆回家來·鳳翔年畫

過，時間久了，也就不再叫他「沈萬三秀」，而是直呼「沈萬三」了。

沈萬三降生時，是個荒年，自然災害遍及大半個中國，而且江浙一帶又流行起了瘟疫，真可謂生不逢時。但是，沈萬三的父親沈佑頗具眼光，他先從湖州的南潯遷徙到蘇州的東蔡村，後來看到蘇州東垞人少荒地多，政府又獎勵開荒。沈佑便舉家從遷到了蘇州的東垞，即現在江蘇省崑山市的周莊鎮。

在蘇州的東垞，沈佑帶領全家人，經過十多年的辛勤墾植，終於成為當地小有名氣的地主，莊田廣達一千三百多畝。

東垞西邊的周莊原本是小村落，後來經過沈家的開發逐漸形成了集鎮。於是，沈佑全家就由「農」轉「商」了，成了地主兼商人的富戶。

但田種得再多也只是個土財主，所以沈佑一直也沒有成為真正的巨賈富商。

沈佑去世後，兒子們分了家。老大不見記載，估計是早早亡故了，老二沈真遷往嘉定安定，老四沈貴搬到白蜆江北的黃墩。

沈萬三的兄弟從小就隨父種田，沒有文化，卻都生財有道，日後也都成了當地的首富。兄弟遷居之後，排行老三的沈萬三（即沈富）留在了周莊的銀子濱，他一方面管理著東垞的莊田，另一方面則開始經營鎮上的買賣。

173

沈萬三在致富後把蘇州作為重要的經商地,他曾支持過平江(蘇州)張士誠的大周政權,張士誠也曾為沈萬三樹碑立傳。

明初,朱元璋定都南京,沈萬三曾在南京居住,並出資修建了中華門一段的明城牆。因沈萬三助築都城三分之一,朱元璋封給了他兩個兒子官位。但是,不久沈萬三卻被朱元璋發配充軍,最後落了個流放雲南、家破人亡的下場,讓後人感慨不已。

董谷在《碧里雜存》裡說:「故集慶(元代稱南京為集慶)富家也。貲巨萬萬,田產遍於天下,余在白下聞故老言。」另在《五雜俎》中也說:「國初金陵有沈富者,字仲榮,富甲天下,人呼沈萬三云。」

沈萬三之富有

沈萬三的財富積累在元代便已完成,他的財富起於「農」,而繁於「商」,是一個地道的大地主兼商人。

沈萬三確是一個「富可敵國」的人物。在整個明朝,「沈萬三」這三個字是響噹噹的,就像今天的「富比士排行榜」一樣,是財富的代名詞。

據《明史》介紹,朱元璋實施築城計劃時,單造磚單位便涉及一部(工部)、三衛(駐軍衛所)、五省、二十八府、一百一十八個縣,另有三個鎮。而沈萬三一人便負責從洪武門到水西門十餘公里長的城牆,工程量占整個工程的三分之一。

沈萬三聚寶盆與灶神‧聊城年畫

致富後的沈萬三,首先廣置了田宅萬頃,以至有了「蘇州府屬田畝三分之二屬於沈氏」的記載。並且,在沈萬三家的後院,有一個叫做「繡垣」的後花園,這個花園走一圈就要差不多半個小時,在園外還有十多頃的田地。

財神,這樣拜就對了

這個「繡垣」內有山有水，有橋有亭，園中心是一個十多公尺高的土垣，分為上中下三層，遍植了芙蓉、麗石菊、香蘭等四時花木。這些花會在不同季節次第開放，花團錦簇，芳香遠播，近居四鄰不植花草便可四時馨香滿庭。

但是，這個雅緻的園林還只是沈萬三財富的冰山一角。

沈萬三富裕起來後，開始大肆地迎娶妻妾，在他的園子裡隨處娛樂。

據說，沈萬三一生共娶了十三房妻妾，把她們分置於各地，如盛澤妝樓就是小妾九娘的居處。

說到這個九娘，可是沈萬三最鍾愛的女人。

九娘不光聰明過人，而且琴棋書畫樣樣精通，還特別善解人意，頗有見地。比如，當時沈萬三要幫助朱元璋修建城牆，九娘早就覺得這樣的事情是做不得的，並多次對沈萬三加以勸阻。可是，沈萬三卻被財富沖昏了頭腦，聽不進去，為自己埋下了禍根。

沈萬三不光喜歡娶妻納妾，他還在這個園子裡嫖狎名妓，什麼蜀錦衾、毳綃帳、觀音床、沈香膽、象牙格、八寶欄、金留殿，一應俱全，極其奢侈。

據說，有一次沈萬三嫖娼玩得開心了，居然一下子就送了人家小姐鞍馬四匹，四時的金衣各一身，金玉首飾更是無數！

自古到今，酒與色總是「相輔相成」。據說，沈家僅因喝酒之需，就專撥出良田數十頃。明孔邇《雲焦館紀談》說，沈氏「有田數十頃鑿渠引水以供酒需」，意思是沈家釀酒引水，都需用田數十頃，如此家產令人咋舌。

聚寶盆·綿竹年畫·侯世武作

175

在沈家的酒宴上，光是擺的那些器皿，各個都是價值連城的寶物。比如，席間用的一隻瑪瑙酒杯，就質地透明，猶如水晶一般，而且中間還有一個像葡萄大小的墨點，因而被沈萬三稱之為「月下葡萄」。還有放筷子用的筷架，也是用一尺來長的羊脂玉做的。

另外，盛放水果的是白瑪瑙盤，盤子上面有天然形成的「五猿爭果」圖案；飲酒的酒杯是用紅瑪瑙做的，色澤天然，流光溢彩。凡去過沈家、吃過酒席的人，都會大開眼界。

對此，《吳江縣志》有記載：和沈萬三同時代、身居侍郎高位的莫禮，應算是見過大場面的人，但是他在參觀完沈宅之後，仍然驚嘆不已：「行酒用白瑪瑙盤，盞則赤瑪瑙，光彩燦然，天然至寶。」

明人田藝蘅也在其《留青日札》裡寫道，朱元璋準備犒賞三軍，沈萬三說要代其出犒銀。朱元璋有意刁難：朕有軍百萬，汝能遍及之乎？哪知沈萬三豪爽應答：願每軍犒金一兩！

據有關史料記載，當年沈萬三把蘇州作為重要的經商之地。他在周莊鎮東建造了千畝糧倉，在銀子濱的盡頭建造了堆放銀子的府庫，每天都有很多小船進出銀子濱，運送銀子。

大地主出身的沈萬三，在暴富之後也開始附庸風雅，經常與文人名士在這個後花園裡舞文弄墨，吟詩作對。並且，每次的書畫他都會出重金買下，據《堅瓠集》載，沈家「藏古今書畫無算」。

《明史》說沈萬三獎勵其塾師：「每文成，酬白金以鎰計。」白金即白銀，而一「鎰」即二十兩，僅一篇文章竟有如此高的報酬，沈萬三的家底可見一斑。

沈家僅被抄沒的錢財就達二十億，其他如數不清的田地房產還

灶君府・朱仙鎮年畫

財神，這樣拜就對了

不算在內，清朝乾隆年間的大貪官和珅，做了二十年的宰相，二十年間對天下敲骨吸髓，極盡刮地皮之能事，聚斂的家財也才十億，僅有沈萬三的一半。

今天位於南京馬道街五、七、九號的老宅，正是沈萬三遷徙京師應天後的故居殘存部分。太平天國期間一度作為贊王府。七號院內尚存贊王府巨形石鼓一座、楠木大廳和兩進小樓。大廳抬梁式結構，面闊四間，門磚雕刻精緻。

《金瓶梅》裡，潘金蓮嚷嚷的一句話給人印象深刻：「南京的沈萬三，北京的枯柳樹，人的名兒，樹的影兒。」

這句話在當時想必十分流行，潘金蓮是一再引用。此話的意思是說，任何事情都是客觀存在的，正像南京沈萬三有名氣，北京枯柳樹有影子，想要掩蓋也掩蓋不了。

因沈萬三的富有之名，古鎮周莊至今滿鎮飄香「萬三蹄」，這道「萬三蹄」的名菜就是從沈萬三家宴中發掘出來的。

當時，沈萬三遷居周莊致富後，入鄉隨俗，熱情待客，廣邀地方名廚，選用水鄉時令鮮蔬，精心配料，烹製出了各式風味獨特的菜餚。這萬三蹄、清蒸鱖魚、蓴菜鱸魚羹、薑汁田螺、百頁包肉、雙味豆干、焐熟河藕、三味圓等，都是沈萬三家宴上的常見菜餚，所以人們也把這些宴席冠以「萬三家宴」的美稱。如今，這些菜餚早已名滿海內外，成為周莊富有地方特色的菜品。

沈萬三聚寶盆與灶神・聊城年畫

沈萬三「富」的原因

沈萬三「富」的原因是人們關心的話題，自古以來眾說紛紜。筆

者歸納總結為如下幾條。

一、躬稼起家說

此說也被歸納為「墾殖說」。沈萬三從躬稼起家，繼而「好廣闢田宅，富累金玉」，以至「資巨方萬，田產遍於天下」。沈萬三依靠墾殖發富，乃至成為豪富，號稱江南第一。從此說來看，勤勞致富是沈萬三的根本。

躬稼起家（拓片）

沈萬三的父親從湖州南潯鎮遷居到長洲縣東蔡村以後，辛勤耕作，充分開發了當地大片拋荒的肥沃田土。由於經營得法，占田日廣，沈家轉為招集佃戶、出租田地、僱傭長短工和發放高利貸的大地主，到沈萬三兄弟主持家業時就已經擁有地跨數縣的良田。

沈萬三很注重興修水利，明人孔邇曾記載「萬三有田近湖者，沿湖築成石岸以障田」。

在秀南村的沈氏墓地，沈萬三孫兒沈莊的墓誌銘中記載，「其先世以躬稼起家，大父富（沈萬三），嘗身帥其子弟力穡事」。這是沈萬三勤勞致富的一個例證。

沈萬三「躬稼起家」，這一點從明人《留青日札》裡也可以得到印證：「初居東蔡村時，人以圩菜之地歸之，佑躬率子弟服勞，糞治有方，瀦泄有法，由是致富不貲。」

這段文字描述了沈萬三隨父親從浙江遷居蘇州後，通過躬耕田地而發家。

種種跡象表明，沈萬三是經營土地起家，輾轉貿易發家。

元代江南農業經濟發展有兩個明顯突出的跡象：一是農田水利發展，

帶來水田種植髮達,稻田面積日益擴大;二是土地高度集中,租佃關係逐漸蔓延。

沈萬三家族正是藉著元末這種土地關係的變化,將一部分失去業主和佃戶的土地,占歸己有。他改良土壤,興修水利,並進一步兼併土地而發家致富。

明人記載沈萬三來往的「徽州、池州、太平府、常州」等地,恰是「徽商」頻繁貿易活動的地區,出現一個沈萬三並不足為奇。

另外,蘇州和杭嘉湖地區歷來是聞名全國的「糧倉」,素有「蘇湖熟、天下足」之說,沈萬三擁有田產數千頃,自然有大量的稻米作為商品出售。而當時的北方,包括元大都(北京)在內所需食糧,主要靠南方供給,沈萬三是一「售糧大戶」。由此,沈萬三積累了大量資本。

二、授財說

沈萬三致富有「授財說」。據說元代吳江一帶有一個名叫陸德源的富家,富甲江左,沈萬三為他管賬治財,他很欣賞沈萬三的聰明才智和經商信用,後來,覺得自己已經老了,又看破紅塵,離家出遊,手裡的巨額財產假如不傳給別人,一旦時局動盪,反而會釀成禍害。於是,他將萬貫家財拱手送給沈萬三,自己去澄湖邊的開雲館當了道士,直到壽終。

看來是機遇,其實有必然,沈萬三被「授財」,是因為他機智誠信,才讓他得到一大筆意外之財。

傳說沈萬三得到陸德源這筆巨

男十忙・鳳翔年畫

資後，如虎添翼，積累了一定資財後，開始從事貿易，才由此一躍成為「江南富族」。

在楊循吉的《蘇談》中有一篇有關〈陸道判捐資〉的記載，「元時富人陸道源貨甲天下，為甫裡書院山長，一時名流咸與之遊處。莫年，對其治財者二人以貲歷付之」，「所謂二者，其一即沈萬三秀也」。

在《周莊鎮志》第六卷的〈雜記〉中也記載有「沈萬三秀之富得之於吳賈人陸氏，陸富甲江左……盡與秀」等語。於是，人們便得出這樣的結論：沈萬三之所以能夠發家致富，原因就是分到了富家的巨財。

事實果真如此嗎？

在明都穆輯的《吳下冢墓遺文》中，有一篇墓誌銘，上面是這樣說的：陸德原字靜遠，長洲甫裡人。家資千萬，良田千畝。曾捐資修建了長洲縣學，並且在家鄉興辦了甫裡學院。官方曾將其提升為山長，後調任徽州教授儒學。而後，他又在徽州出資修建了州學。後來，陸德原在回蘇州購置木材時，不幸病逝。其有一子二女，子八歲，長女待嫁，次女不足百天。

根據歷史學家考證，陸德原就是陸道源。由此可見，陸道源不但沒有出家當道士，而且還有幼小的子女，更無分財贈人的跡象。

所以說，沈萬三的財產來自於「分財說」，很可能是一種謠傳。

三、通番說

蘇州地方府志稱沈萬三之巨富，「相傳因通番所得」，這一說法得到不少學者認同。

男十忙・鳳翔年畫

孔邇在《雲蕉館紀談》中便寫道，沈萬三成為海商，來往貿易於徽州、池州（今貴池）、太平府（今當涂）、常州之間，輾轉貿易，獲金數百萬，所以顯富。

從事外貿讓沈萬三成為全國首富是可信的。當時的社會有重農輕商的思想，但沈萬三並沒有被這種思想所禁錮，大膽從事外貿生意。

在兄弟中，沈萬三最富有經濟頭腦，他對自己分得的莊田進行精心的經營管理，使得財富有了更大的積累。此時朝廷又開放了私人對外貿易，主要貿易對象是高麗、日本和南洋等地。於是，沈萬三便抓住這個有利時機，憑藉天然便利的交通，將江浙地區深受海外歡迎的絲綢、茶葉、瓷器、工藝品等源源不斷地販運出去，而回船進口大量的珍寶、香料和藥材，一去一回從中賺取巨額差價。

元代的社會環境，非常有利於商業，特別是海外貿易的發展。據史料記載，元代為了鼓勵發展工商業，實行輕商稅的政策。至元二十年（1283年）、至元二十一年（1284年）、至元三十年（1293年）等年間，朝廷數次布詔減稅，鼓勵中外貿易，而沈萬三也在此背景下「暴富」。

四、烏鴉石或馬蹄金說

關於沈萬三致富之謎，還有沈萬三由漁翁而得烏鴉石或馬蹄金致富一說，以及點金術等種種，各種傳說神奇得很，多不足信。

此外，民間傳說沈萬三致富是因為他有聚寶盆。

聚寶盆

對於沈萬三究竟如何致富，最具傳奇色彩，也是最廣泛流傳的，當屬「聚寶盆」一說。

傳說萬三青年時赤貧，一夜，

聚寶盆・楊家埠年畫

夢見百餘青衣人向他大聲求救。

晨起後，見一漁夫，手持青蛙百餘，正要剝皮。萬三感悟夢中預警，於是用衣服將青蛙換回，置自家後院的水塘裡放生。青蛙徹夜達旦地吵鬧，使人無法入睡。

一天早晨，沈萬三走到水塘邊，發現眾多青蛙環繞著一個土盆喧嘩，沈萬三感到奇怪，雖然蹊蹺，但也不明就裡。於是沈萬三將土盆帶回房中盛水，用來洗手。

一天，沈萬三的妻子洗手時不慎將一支銀釵掉在盆中，不料銀釵一變二、二變四，不一會兒已是滿滿一盆，不可勝計。再試著投入一粒粟米，立刻就盈滿粟米。於是，沈萬三方知此乃聚寶盆。

沈萬三因為有了聚寶盆而富甲天下。

傳說南京中華門（古稱聚寶門）的名稱也源出於此。

明初，建築南京城南門時，砌起即塌，屢次修築不成。都說地下有水怪在作祟，有人向朱元璋獻計，借用沈萬三的「聚寶盆」。

盆子填在城坍處，城門果然順利建成了，此門因此就喚作了「聚寶門」。

據說向沈萬三借聚寶盆時，朱元

灶君府（墨線版）·朱仙鎮年畫

聚寶盆·鳳翔年畫

聚寶盆·漳州年畫

財神，這樣拜就對了

璋曾答應五更歸還，為了永遠不還寶盆，就下令京城內從此嚴禁打五更。傳說雖是荒誕不經，但是朱元璋對沈萬三的這份無賴和尷尬，卻也真真切切。

聚寶門又名甕城，1931年改名中華門，在今南京市中華路南端、雨花路北端。城堡東西寬一百一十八點五公尺，南北長一百二十八公尺，占地面積約一點五萬平方公尺。整個甕城有藏兵洞二十七個，能藏兵三千餘人，是南京城垣十三個城門中最大、最雄偉的一個城門，也是我國現存最大的古城堡。

沈萬三與灶神・聊城年畫

聚寶門建於明洪武二至八年（1369—1375），民間傳說與沈萬三家的「聚寶盆」有關只不過是瞎想像，真實的情況是由沈萬三出資建造。沈萬三本人就是「聚寶盆」的象徵，加上聚寶門又有聚寶盆的形象，因此附會為是靠聚寶盆修建。

其實憑藉沈萬三的勤勞、機智和膽量，他能成為全國首富並不奇怪，聚寶盆致富只不過是虛構。

聚寶盆後來成為財神年畫中的一個道具，和搖錢樹一樣，發展成為財源滾滾的象徵。

沈萬三與張士誠

元代末年，社會動盪不安，群雄四起，江蘇泰州出了一個張士誠。

沈萬三與張士誠有非同尋常的密切關係，沈萬三靠張士誠致富，張士誠也靠沈萬三支持，而最終，沈萬三又因支持張士誠起義軍，引來殺身之禍。

張士誠一直靠販賣私鹽過日子，販私鹽在歷朝歷代可都算得上是大罪。因此，張士誠也多次被官兵抓入牢中，吃了不少苦頭，於是便和官府結下不共戴天的仇怨。

有一次，獄中的囚犯因為受不了獄卒們的虐待，發生了動亂，動亂中官兵和囚犯死傷都達到了上百人。但張士誠十分幸運，他趁著動亂逃了出來。

逃出牢獄的張士誠，一直不敢在社會上拋頭露面，整日過著東躲西藏、度日如年的生活。終於，這時候機會來了－紅巾軍揭竿而起，一時間亂世英豪各霸一方。

進財・平陽年畫

此時，張士誠三兄弟便瞅準機會起義，首領張士誠帶領的起義隊伍只用了一年的時間就占領了大半個江蘇－泰興、高郵、常熟、湖州、松江、常州、平江（今蘇州），一路殺來，勢如破竹。

1365 年，張士誠把平江府改名為隆平府，並起國號大周，成為大周的開國皇帝。

定都蘇州後，張士誠倒也為老百姓做了一些好事。他開始鼓勵人民開荒挖礦，提倡養蠶煮繭和興修水利，並可免收賦稅一年。

因此，蘇州雖然經歷元末戰亂，但經濟很快又得到了新一輪的復甦。所以，至今仍有一些蘇州老百姓會常常提起此時的這些故事。

其中受益最大的就是像沈萬三這樣的富商大賈。張士誠心中明白，如果沒有這些江南富豪強紳的大力支持，他這個小小的大周王朝也是難以維持。當時，張士誠領兵起義需要大量財物，作為首富的沈萬三出了不少力，他帶領江南的富商大量捐錢捐物，資助張士誠起義，從而使張士誠的軍隊越來越壯大，最終取得了豐碩的戰果。

所以，張士誠也一直信守著他的承諾，不管大地主、大商人有多富

裕，都不去動他們半分。

張士誠建立大周之後，頒布了一系列新政策。這些巨商富賈都是洞明世事的人，他們為了能延續自己的財富夢想，對這個草頭霸王自然也是不敢得罪，經常送上金銀或者物資。沈萬三作為當時江南首富，更是主動逢迎，他做了三樁讓張士誠很是愜意的事情，而且每次出手都是十分大方，從不吝嗇。

第一樁，沈萬三率領銀子濱的船隊，多次為張士誠的官兵發放犒賞，從而解決了巨大的軍費開支。

第二樁，沈萬三利用自己從事過海外貿易的航海經驗，以實際行動支持張士誠暗中投靠元朝，每年都幫張士誠偷運十多萬石糧食到北方元朝的國都。而且，有一年元朝特使兵部尚書伯顏來到蘇州，沈萬三也是極力溜鬚拍馬，大擺宴席，盛情款待。事畢，還專門花了大錢進行刻石記功。

第三樁，沈萬三為鞏固自己在張士誠眼中的地位，不惜把自己的女兒嫁給了張士誠做老婆（一說妃子），使張士誠澈底地和自己拴在了同一條船上，因此張士誠也給了老丈人沈萬三很多斂財的特權。

擁有了巨額資財的沈萬三，又開始做起了放貸收利這一資本經營的新項目，使自己富上加富。從此，沈萬三便一躍成為海外貿易、房地產、地租、高利貸、糧業、絲綢業等方面的商業大鱷，迅速成為「資巨萬萬，田產遍於天下」的江南第一豪富，人稱「江南財神」，金銀多不勝收。

但是，也正因為如此，埋下了朱元璋對蘇州城和沈萬三秋後算賬的伏筆。

進財．平陽年畫

張士誠雖然做上了大周國的皇帝，但是大周國實在是太小了，只有蘇州一帶的一些州縣。因此，只好依附於元朝的祖護，每年都要向元朝進貢大量的糧物。據《吳江縣志》記載，至正十九年，元朝向張士誠徵糧。

沈萬三協助張士誠大批地運糧北上，張士誠必然也會劃撥一些銀兩給沈萬三作為舟船費用，這也足以讓他大賺一筆。從張士誠選用沈萬三運糧北上一事，可見當時沈萬三對海運已是熟門熟路了。

沈萬三不僅捐巨資為張士誠建一座紀功石刻造像碑，還帶領江南的富商大量地捐錢捐物，使張士誠的軍隊越來越壯大。後來朱元璋進攻蘇州，沈萬三傾財聚族，為張士誠死守蘇州樓門達八月之久。

沈萬三與朱元璋

因為沈萬三傾財支持張士誠，為他日後與朱元璋周旋埋下了禍根。

沈萬三與朱元璋的關係也很微妙，值得研究者深究。

元至正十六年，張士誠割據平江，沈萬三、顧瑛等當地大富戶為求

富貴‧楊柳青年畫　　　　　　　　　富貴‧楊柳青年畫

得庇護，都曾獻金輸糧，以示擁戴。

　　幾乎是與張士誠同時，朱元璋也參加了同鄉郭子興的起義軍。和張士誠的出身差不多，朱元璋出生在安徽鳳陽的一個小村子裡。在張士誠冒險販私鹽的時候，朱元璋來到廟裡當一個小和尚。雖然，他們所從事的工作不一樣，但都是因為窮。

　　朱元璋憑著自己過人的勇謀獲得了軍隊的統帥權，並帶領義軍攻打到了蘇州城下。為了保住自己的庇護神張士誠，沈萬三及其蘇州城內的巨商大賈個個都鼎力支持張士誠。但是，蘇州終究只是一個小小的城池。

進財・平陽年畫

　　1368 年，朱元璋的大軍終於滅掉了張士誠、陳友諒、方國珍等人的軍隊，開始登基稱帝，建立了大明王朝。

　　朱元璋稱帝后，他極度憎恨這些為張士誠出力的江南富豪，對充當敵方經濟後盾的富室自然不肯放過，於是便對江南一帶格外加重了稅賦，每畝稅糧定成了七斗五升。

　　不僅如此，還要分期分批將他們遷離鄉土。洪武元年（1368 年）第一批遷到臨濠（今鳳陽）者，其中就有崑山大族顧瑛在內。

　　沈萬三眼看不妙，趕緊作出效忠新皇帝的表示。這年九月皇帝四十大壽，他與吳江富室莫禮、葛德昭共進厚禮祝壽，結果光祿寺請他們吃了頓飯，沒有別的表示。

　　沈萬三是個精明的商人，在一番審時度勢之後，沈萬三率領江浙大戶向朱元璋的軍隊繳納了稅糧萬石，以示忠心。此外，沈萬三還偷偷地往朱元璋的小金庫裡注金。

　　沈萬三主動拍朱元璋馬屁，獻出五千兩白金以備他不時之需。《留

青日札》記載：「萬三、萬四率先兩浙大戶輸稅萬石，仍獻白金五千兩以佐用度。」

可是，新皇帝反應冷淡。「上命其造廊房，為楹一千六百五十，披甲馬軍者十，務罄所獻金乃已。」即是用光拉倒，這點錢沒啥稀奇。

沈萬三還以龍角貢獻，並獻上白金二千錠，黃金二百斤，甲士十人，甲馬十匹，建南京廊廡、酒樓等。

不久，沈萬三發現所造廊房是築城苦役犯的臨時宿舍，皇帝在修建南京城牆。這項大工程所需經費必然相當可觀，他又發現朱元璋雖然定都南京，但建造城牆卻面臨著嚴重的資金不足。

於是，在廊房造畢，沈萬三突然做出了一個驚人之舉，上書自請「助築都城三之一」，也就是聚寶門（今中華門）、水西門、西水關在內的這一段工程。

這步棋看來沒走錯，朱元璋終於面露喜色，並向他作出了封官的回報。因沈萬三已年逾花甲，便任命他長子沈茂為廣積庫提舉，侄孫沈價（沈貴之孫）為戶部員外郎，進京供職。沈萬三也於洪武三年（1370年）遷居南京，全力投入築城工程。

為了讓朱元璋龍顏大悅，沈萬三傾盡了全力。在朱元璋的築城工程上，他不僅捨得花錢，注重質量，還日夜堅守在工地上，和雇工同吃同住同勞動。在他的帶動下，工程終於提前三天完成了。

有不少記載說，沈萬三所築城牆為「自洪武門至水西門」一段。這個說法有學者提出質疑。因為朱元璋於1366年下詔「改築應天城」，第一階段是拓建新城和造新宮。城牆自通濟門向東，造到玄武湖東南角的太平門，用了一年時間。

進財・平陽年畫

洪武門是皇城（即紫禁城）的正南門，在 1367 年就完成了。這時沈萬三還在周莊，與他無關。

第二階段是在原江寧府城的基礎上加以重修和擴建，從通濟門南行折向西，再向北繞至玄武湖西北角的神策門（今和平門），另一處從太平門沿湖造到今解放門附近。到洪武十年（1377 年）除臨玄武湖一段外，都城已告完成。

沈萬三承造時間為洪武三年到六年，即第二階段的中期，他完成了包括聚寶門（今中華門）、水西門、西水關在內的城西南部工程。

南京城周長三萬四千多公尺，沈萬三承造部分約占四分之一，不足他所承諾的「三分之一」。為什麼？因為他給抓起來了！禍由是「犒軍」事件。

沈萬三的頭腦發熱，當他聽到朱元璋要犒賞三軍時，便上前請求，由他來出巨款代為勞軍。

由此，沈萬三富得連朱元漳都眼紅，導致殺身之禍。

表面看來，這步棋似乎沒走錯，在完工慶賀的那天，明太祖朱元璋親自為沈萬三斟了酒，並話中帶刺地說：「古時候就有個白衣天子，號稱『素封』。在我看來，說的也許就是您老人家啊！」

沈萬三聽後，受寵若驚，不停在那使勁地謝主隆恩，可他沒想到，這一記馬屁卻實實在在地拍到了皇帝的馬腿上。朱元璋心裡想的是：當初如果不是你極力支持張士誠，我何苦用了八個月才攻下蘇州城？如今你又在我的面前露富，真是不把我放在眼裡。

於是，朱元璋勃然大怒，拍著桌子大叫道：「一個老匹夫不把我皇帝放在眼裡，居然還膽敢替我犒勞天下之軍！簡直是個亂民，給我拉出去砍了！」

沈萬三為何沒事找事？有人說他「恃富」，即是想要「大款」派頭。有的學者認為，實際上並非如此。

當時築城由工部、應天府和沈萬三三方分段包幹，磚石等建材由一百多州縣供應，並由中軍都督府督造。每段工程都有期限，誤期要追

究責任。三方中就數沈萬三這頭難辦，因為缺乏權威，遇上壞天氣和艱難地段，就容易延誤。雖有都督府派來的軍士們監工，但他招呼不動，要是發「辛苦費」吧，皇帝對撈外快的要活活剝皮，誰敢收受？在這種兩難情況下，沈萬三才提出「犒軍」請求，目的很明確，是為爭取發獎金合法化。

另外還有吳晗《朱元璋傳》所說的情況，「檢校們三天兩頭來尋是非」。檢校是皇家特務，與其被他們打小報告，不如主動出錢買太平。

不料惹惱了多疑的皇帝，工程未完，就翻臉了。反正抄家後沈萬三名下二十億貫家當都歸了皇帝，還用得著你來「助築」嗎？

好在當時「大腳」馬皇后正在朱元璋的身旁。馬皇后勸說朱元璋：「如今大明初建，如果再隨便殺人，就會落下一個濫殺無辜的罪名。沈萬三是一個不祥之人，自然也就由上天來處置了，不如免掉他的死罪，改為其他的懲處。」

朱元璋聽後，感覺有理，於是便把沈萬三全家發配到雲南。

關於這一事件，在史書上有所記載。據《周莊鎮志》記載：「按《明史‧馬后傳》，洪武時，富民沈秀者助築都城三分之一，又請犒軍，帝怒曰：『匹夫犒天子軍，亂民也，宜誅之』。后諫曰：『……不祥之民，天將誅之，陛下何誅焉！』乃釋秀，戍雲南。」

除了沈萬三被流放雲南之外，他的第二個女婿也被流放到了潮州。

這次打擊不僅使沈家失去了沈萬三這個當家人，而且富氣也減去了大半，可謂人財兩空。

沈萬三被趕到雲南時，已經是一個年過六旬的老人了。在這富與貧、榮與辱產生巨大反差的一瞬間，他從心理上和身體上都難以接受，江南與雲南的生活習性、水土氣候的差異實在太大，簡直是從天堂跌到了地獄。沒過多久，沈萬三便支持不住，病倒了，客死異鄉。

沈萬三被捕時，周莊鎮上株連甚多，有「盡誅周莊居者」之說。幸虧鎮人徐民望不避斧鉞，告御狀至京城，才救下周莊全鎮老小。

後來，沈萬三的子孫曾將他的屍骨運回家鄉，葬於周莊的銀子濱下，總算沒有把屍骨落在異處他鄉。

後代罹難

沈萬三的露富，不僅導致了自身的悲劇，還導致了後代子孫的不幸，他的後代幾乎全部罹難。

沈萬三的長子沈茂，因為父親曾捐過重金也謀得了一個管理倉庫的小官。但是，在後來執行任務時出了紕漏。此時，正是朱元璋看沈萬三不順眼的時候，於是將沈茂扣了頂「藍黨」的帽子，腦門上被刻字發配到東北的遼陽。

沈萬三的次子沈旺，曾經官居戶部員外郎，是個不學無術、巴結寵臣、為虎作倀的人，幹了不少的

沈萬三聚寶盆與灶神·聊城年畫

壞事。雖然他沒有受到什麼懲處，但報應卻降臨到了他的子孫頭上。

沈旺的大兒子沈至和二兒子沈莊（伯熙）的為人都還不錯，性格也謙遜敦和，不倚富自矜。但是，這兩人在洪武十九年，也就是1386年，竟然同時為田賦獲罪，被打入大牢。後來，兩位兄弟在京城的大牢裡意外相逢，他們撫今追昔，感慨萬千，於是抱頭痛哭。

據《周莊鎮志》記載：「兄至以戶役故，赴秋官時伯熙亦獲戾京師，適與兄同系獄。」

老二沈莊出獄後不久，就得了重病，很快便一命嗚呼了。

一說老二沈莊當年就死在牢中，後移葬於周莊杏村。

之後，沈家的成年男子都被凌遲處死，而且在被處死前都還要經過嚴刑拷打，逼出沈家財產的下落。

據《周莊鎮志》：「奏學文與藍玉通謀，詔捕嚴訊，誅連妻女，及其仇七十二家，洪武三十一年二月學文坐胡藍黨禍，連萬三曾孫德全六人，並顧氏一門同日凌遲。」這次沈萬三女婿顧學文一家及沈家六口，

近八十餘人全都被殺頭，沒收田地，可謂滿門抄斬。

而沈家的小孩則充軍到了南丹衛（在今廣西壯族自治區），婦女發配到了浣衣局（明朝為宮廷服務設八局：兵仗局、銀作局、浣衣局、巾帽局、針工局、內織染局、酒醋面局、司苑局。此局唯一不在皇宮中，由年老及有罪退廢之人充任）世代為奴。

沈萬三露富招致的禍患，從洪武二十六年一直到洪武三十一年才平息下來。

據說，只有長子沈茂避難至平壩縣天龍鎮天龍村，才免遭殺身之禍，死後並葬於此地，其後裔一直在平壩天龍屯堡繁衍生息。至今，在天龍屯堡的石巷中還較好地保存著當年沈家居住的三合院。

從此，沈萬三苦心經營的巨大家業，急劇地衰落了。「沈萬三家在周莊，破屋猶存，亦不甚宏大。」沈家大族遭受多次沉重的打擊，只能家破人亡。

追尋沈萬三的後人

近年，一位叫扎西劉的文化人開始了沈萬三的後人尋找之旅。他經過實地考察後，推翻了沈萬三後人在雲南的結論。

2000 年，扎西劉在貴州屯堡採訪一群南京移民後裔，後又進安順市平坎縣屯堡地區尋找。屯堡，正是前不久屢被報導的南京遺民聚集地。根據史料記載，洪武二年（1369 年），大將湯和、沐英等率領二十萬大軍南下至此，最後屯兵定居，在此遺留了為數眾多的小屯鎮。沈萬三的後裔會不會就在這裡呢？

功名富貴大吉大利・武強年畫

扎西劉在屯堡的各個鎮之間走訪時，偶然聽說這裡的天龍鎮有陳、鄭、沈、張四大姓。其中沈姓家族，有著種種和別家不一樣的習俗，比如世代經商、供奉財神、每年向東北方即南京的方向祭祖等。

扎西劉認為這沈氏很可能就是沈萬三的後裔。

扎西劉推測，出於保護自己子孫的考慮，沈萬三將後代裏挾在沐英的大軍中南下滇黔一帶，在沐英派出的陳、鄭等軍官照顧下，沈萬三的後人及其龐大家族隱姓埋名在屯堡。

這個沈萬三的後裔可能是長子沈茂，因為次子沈旺及其後人先後遭到了朝廷的算計，而唯獨歷史對沈茂沒有任何記載。

為了保護家族血脈，沈茂隱姓埋名，但為了表示不忘祖，沈家定下了一些祖訓：始終居住在一個屯堡裡面；供奉財神即「沈萬三」；以藏著密碼的族譜排序；世代經商等。

為了保護其餘的家族不受牽連，沈家不與另三家通婚。至於四大家族中第四個姓「張」，有可能是張士誠的後代，因為歷史記載，沈萬三和張士誠過從甚密，並一直庇護著張族後人。也許沈家祖先的種種顧慮是對的，一百年之中（恰好為五代左右），在江南的沈氏前後遭到數次抄家滅門，沈氏一門逐漸式微。

而延續在貴州的這支，卻依然十分完整地保存著。甚至，今天，他們的衣著、言談和舉止都帶著五百多年前的習慣。

近年，屯堡每年大年初五都舉辦送財神活動。活動中，長長的抬財神隊伍裡，有一個穿著紅色長衫的男孩與一位身著藍色長袍的老人抬著銅鼓鳴鑼開道，四個小孩舉著「招財進寶五穀豐登」的木牌，一個穿著青色長衫的人手捧聚寶盆，

吉星高照一本萬利・武強年畫

載著沈萬三金色塑像的轎子跟在其後，排在最後面的是幾個孩童抬著一頭健壯的金牛。

在抬財神隊伍經過之處，遊客們駐足觀望，紛紛掏出手機拍攝，銅鑼敲響，大小獅子嬉戲打鬧，家家戶戶點香燭，放鞭炮，虔誠地迎接與屯堡有著不解之緣的沈財神爺。迎財神隊伍由天龍小學出發，經過中街、後街、大街，將財運送到各家各戶，活動從上午十一點半持續到下午三點。

什剎海活財神的傳說

作為財神，民間留下了很多關於沈萬三的傳說。如北京民間就流傳著什剎海活財神的傳說。

什剎海也寫做「十剎海」，四周原有十座佛寺，故名。

傳說沈萬三雖然號稱「活財神」，可是他窮得連衣服都沒得穿。但為什麼他被叫做「活財神」？就因為他知道哪裡有金銀財寶。

他平時也說不出來哪有財寶，只能打他，逼急了，他就胡亂一指，一挖，那裡真有金子銀子。據說，打得越狠，他說的那地方挖出來的財寶越多。

有一天，皇帝要修北京城，但是又沒有什麼錢，就和大臣商量。其中一位大官把活財神沈萬三的事情告訴了皇帝，皇上馬上吩咐把他抓來。

到了金殿上，一番拷打逼問下，沈萬三一想反正都是死，就隨便瞎指個地方吧。就對皇帝說哪有銀子，皇帝派人真挖出來了一些，繼續問沈萬三哪裡有金子，沈萬三表明自己是瞎說的，皇帝哪裡肯信，又是一番拷打。

沈萬三與灶神．聊城年畫

沈萬三沒辦法就對皇帝說：「萬歲我想起來了，我帶你們去挖！」皇帝便讓沈萬三帶著大批官兵去挖寶藏，可是沈萬三哪知道哪裡有什麼寶藏呀，就邊走邊停，後面官兵不斷催促，就這樣他們一行來到什剎海的位置。

沈萬三實在走不動了，就指著下面的地說：「這裡，這一大片地下全是財寶。」

官兵們就開始挖起來，不久就看到一些珠寶，慢慢地越來越多，總共挖出來十窖，一窖一百萬兩，加到一起就是一千萬兩。大家高高興興回去交差了，而這裡也就剩下了很大一片坑。又過了很多年，這

富貴吉慶‧鳳翔年畫

裡慢慢有了水，人們就管這個地方叫「十窖海」，後來的皇帝為了掩蓋祖宗的醜行，就將此處改名為「什剎海」了。

沈萬三的用人之術

在民間傳說中，沈萬三的用人之術對現代經營管理最具有現實意義。

傳說，沈萬三在用人的方面有其獨到的一套秘術。沈萬三發財之後，就不斷有人來投靠他，如何對這些人進行考察評價，就成為了沈萬三最主要的事情。

每一個投奔者都有著這樣或那樣的特長與能力，有的會吟詩，有的經過商，有的從過軍，他們都希望靠著自己的本事在沈萬三這裡謀求一個發展。但是，沈萬三所需要的卻不是這方面的能力。

當投奔者來到沈府之後，沈府就會有專人出面接待，根據他們的能

力，將他們安排在沈府做事，這期間新來的人會很小心在意自己的一言一行，但等過了三個月之後，他們已經成為沈府的「資深員工」，就會慢慢流露出本性。

這時候就會有人有意地接近新來的人，與他們交朋友，拉著他們去喝酒，那些自我控制力不足的嗜酒者，就會在這個階段悄悄被淘汰，留下來的人，就會進入下一個秘密程序。

下一步沈萬三會讓人帶著這些新來的人去花街柳巷，那些沉溺於女色的人，因為意志力薄弱就會在這一階段淘汰。同時被淘汰的，還有那些拒不接近女色的人，因為食色，性也，拒不接近女色的男人，如果不是偽君子的話，就可能在心理上存在著偏差。偽君子和道學家是最靠不住的兩種人，而心理的偏差會影響到一個人的判斷能力，所以，他們也沒有資格入選。

只有行為與心理都是正常的人，才有可能通過這一關，然而奇怪的是，能夠通過這一關的人為數不多。

即使是通過了這一關，證明你是一個正常的人，考察仍然沒有結束，沈萬三在下一關布下了賭局。

女十忙・鳳翔年畫

女十忙・鳳翔年畫

財神，這樣拜就對了

196

賭博是人類的天性，無論一個人是否好賭，但有機會總是會賭一賭。沈萬三對這一關的要求是，賭博者不僅要有足夠的意志力抗拒賭博的吸引，更重要的是，被考察者還要通過這一關證明自己的直覺判斷能力。

民間傳說，沈萬三針對人的慾望所設下的這幾個尋常考驗，一連三年竟然沒有人順利通過。直到三年以後，才有一個已經上了年紀的花匠通過了各個方面的考察。而他在沈府所種植的花木，也看不出有什麼奇異之處。

這個結果也是大富翁沈萬三自己意料不到的，但是沈萬三堅信自己的判斷是正確的，於是，他就將這個花匠養在府中，一連幾年無所事事。

幾年之後，正在前線與元軍交戰的朱元璋秘密遣人來到南京，向南京富室請求資助軍費並運往前方戰場。這件事讓南京的富戶們好生為難，出資可以，但是要想找一個人把如此巨額的銀兩，穿越元軍與各方面的武裝勢力割據的中原大地，安全地運到義軍大營，卻是不容易物色得到。

這時候沈萬三說話了：「就讓我府中的老花匠走一趟吧。」

老花匠帶著沈府的家人，押著巨額的銀兩出發，三個月後安然回到了沈府，銀兩已經安全運抵義軍大營，而老花匠仍然種他那些普通花卉。

沈萬三的故事告訴我們，管理就是這樣：在眾多的優秀中尋找出最無特色的一面，讓最普通的人物做出他自己也意想不到的事情來。

伴隨沈萬三的用人之術，還有沈萬三的經營理念，其中有些也值得現代人借鑑。

沈萬三的經營理念主要有以下幾條。

一是勤勞：每件事都要親力親為，力不到不為財。

二是誠信：做生意不是一次性的。

三是大膽：大智大勇，獨具慧眼。

四是機遇：運氣是天時地利人和造成的。

在現代社會，經營者就是企業的靈魂，他的決策往往直接決定企業的命運。沈萬三可謂是一個經營的奇才，他從土地墾殖開始，苦心經營，機智行商，這充分顯示出了他出色的「經營管理」才能。並且，在有了一定的經濟基礎後，他又大膽開始了「競以求富為務」的對外貿易活動和放貸

收利，這加速了他財富的積聚。

沈財神的教訓

台灣一位經濟學家曾這樣評價沈萬三：「憑藉經營上的傑出才華，運用誠信的操守、敏銳的洞察力、機智過人的膽略和變化多端的經營策略，白手起家，打造出了一個超一流的『企業帝國』。」但是，正所謂「禍兮福之所倚，福兮禍之所伏」，最終財富給沈氏家族帶來了災難。

沈財神的教訓可歸納為如下幾點。

一、露富炫財

一次，沈萬三聽說蘇州城有一個叫王行的名士學富五車，經常和文人墨客來往。於是，沈萬三非要請他當家塾先生，調教他的孩子。請到家後，不管王行的文章到底是好是壞，只要一寫出來，他就連口稱讚，並且拿出大量白銀作為酬謝。

倒是王行洞察秋毫，富有遠見，他看到這麼豐厚的酬金，嚇得連連

倉神宮・鳳翔年畫

沈萬三與灶神雕版・聊城年畫

辭謝，臨走低聲嘀咕了一句：「如此的炫耀財富，早晚是要倒霉的！」

果真，應了王行的話，露富終於讓沈萬三落得了一個流放雲南、家破人亡的下場。

二、用錢開路

用錢開路可能在某些時候有用，但不能長久，長久是靠勤勞、理念和經濟規律辦事。所以，用錢開路是沈萬三致富的起點，同時，一切用錢開路也是沈萬三財神的終結。

沈萬三一生用錢開路，一擲千金，奢侈無度。從他自己的立場來講，也許是為了討好皇帝，好讓自己平安地攫取更多的財富。這在張士誠時代他是成功的，的確斂聚了更多的錢財，而在朱元璋時代卻失敗了，敗得家破人亡。

三、缺乏范蠡的人生智慧

范蠡之所以成為財神，不僅僅在於他善聚集財，也善於散財，其實散財才是更高的人生智慧。

沈萬三善於觀察人，但在認識朱元璋這個人物的性格上，卻缺乏分析。

「人怕出名豬怕壯」，在朱元璋眼中，沈萬三與張士誠稱兄道弟，就是一頭不可不殺的大肥豬。

沈萬三與灶神・聊城年畫

財神獻瑞・漳州年畫

199

如果沈萬三深刻認識到自己與張士誠關係有罪不可赦的危險性，如果沈萬三能入木三分地認識朱元璋的人性，那麼他學學范蠡散財，再遷徙到人所不知的偏僻之地隱姓埋名，當是可以生存下來的，起碼不至於導致後來的滿門抄斬。

　　可惜，他缺乏范蠡的人生智慧。

四、錢權交易必敗

　　最主要的原因，還是由於沈萬三有了錢財就自認為可以藐視一切，錯誤地認為錢是萬能的。在歷史記載中，這種事件還有很多，只是朱元璋與沈萬三的較勁，是唯一的一次大政治家與大商人的角鬥。

　　從這點來說，沈萬三的悲劇具有深刻的現實意義。在當代中國官場和經濟生活中，在中國走向市場化的進程中，錢權交易的例子也是屢見不鮮。看看曾被列入財富榜的那些落馬富商，他們的叱咤風雲哪一個不是與官場有著千絲萬縷的聯繫？他們的鋃鐺入獄又經常會帶出一大批腐敗的官員。

沈萬三與灶神・聊城年畫

　　沈萬三給我們的一個重要啟示就是：靠權錢交易，固然可以從中牟利，但是發腐敗財也是很危險的，往往得手之時便是傾覆之始，古今概莫能外。

活財神
劉海蟾

12

在中國民間信仰的眾多財神中，有一類只能算是準財神，即未得財神封號，並非正式和主要的財神，但由於能為人們帶來一定的財運，承擔了一部分財神的職責，於是人們就將其作為財神看待。劉海蟾、和合二仙、灶王、鍾馗、土地神、八仙等，就是屬於準財神之列。

劉海蟾是民間傳說人物，俗稱劉海，至今有「劉海戲金蟾」的俗語，謂劉海戲金蟾時，金蟾吐金錢，他走到哪裡，就把錢撒到哪裡，救濟了無數窮人。人們敬奉他，稱他為「活財神」。劉海是以「蟾」為道號而聞名，又以「劉海戲金蟾」的傳說被抬上了財神的寶座。

劉海蟾與八仙一樣，是喜劇色彩很濃的神仙。明朝《列仙全傳》中，劉海為八仙之一，到了《八仙出處東遊記傳》中，劉海的位置才被張果老頂替。但在所謂下八仙中，還有劉海的名字。

劉海因能戲金蟾而成為活財神，也成為財神年畫中的題材之一，門神畫中也有他的身影。那麼，劉海到底是一個什麼樣的人呢？金蟾又是怎麼一回事呢？民間美麗的傳說流傳了千百年，而且形成了好多個版本。

廣陵劉海傳說

民間傳說，劉海是後梁燕地廣陵（今河南息縣）人。《歷世真仙體道通鑑》卷四十九，稱他於五代仕燕主劉宗光為相，先遇正陽子點化，辭官尋道，後遇呂洞賓，授以丹道，乃歸隱代州鳳凰山。

《歷代神仙通鑑》中有云：一日，有自稱正陽子的道士來見，劉海以禮相待，道士為其演習「清淨無為之示，金液還丹之要」！索雞蛋十枚，金錢十枚，以一錢間隔一蛋，高高疊起成塔狀。劉海驚道：

劉海蟾戲金蟾・朱仙鎮年畫

「太險！」

道士答道：「居榮祿，履憂患，丞相之危更甚於此！」

「如何擺脫這危險呢？」劉海問。

道士並不作答，而是拿起雞蛋、金錢，擲之地上，然後長笑而去。

原來，道士是說劉海現在身居高位，這高位就像疊壘起來的雞蛋一樣，隨時有可能墜毀。而要擺脫危險，免去殺身之禍，就要拋棄榮華富貴，就像道士將雞蛋、金錢擲於地上一樣，棄榮華富貴如敝履。

劉海很快明白了道士的用意，當晚擺了一桌豐盛的酒席，飽餐一頓，然後砸碎所有的寶器。第二天，解下相印，穿上道士的服裝，假裝發狂而舞，出了燕國，遠遊秦川去了。

在路上他又遇到那位道士，道士授給他服丹成仙的口訣，劉海才知道正陽子即鐘離權。

兩年以後，燕王劉守光僭稱大燕皇帝，不久就被朝廷剿滅，劉守光遭誅滅九族之禍。而此時，劉海正雲游天下訪道。

劉海後來又遇上呂洞賓，授之以秘法，乃得道成為真仙，歸隱代州鳳凰山。

從此，劉海以鐘離權、呂洞賓

準財神和合二仙・綿竹年畫

劉海蟾・高密年畫

二位仙人為師，追隨他們遁跡於終南、太華之間。劉海得到呂洞賓傳授的清靜無為、養性修命及金液還丹諸法，後傳門人董凝陽、張紫陽。

劉海被道教全真道尊為五祖之一，元世祖封為「明悟弘道真君」，元武宗加封為「明悟弘道純佑帝君」。

蘇州劉海傳說

劉海戲金蟾的另一傳說，見孟簇甫所著的《豐日段筆談》記載：相傳蘇州有戶貝宏文家，素以商貿為業，平日樂善好施，積德甚多。

康熙年間，有自稱「阿寶」之人，上門請做僕人，貝家收留後，他幹活勤快。一月下來，發給其工資也不要。平時重活不怕累，不吃不覺餓。有一次家人令他洗刷便壺，他竟能將便壺翻裡翻外地洗刷。

當年元宵節晚上，阿寶抱了小主人外出觀燈，至三更後才回家。主人抱怨他因何如此晚才回來，他卻說今晚蘇州之燈不好看，抱了小主人去福建省城看燈。眾人不信，但見小孩手中拿了幾個荔枝，始知其是位神仙，於是待如上賓。

數月後，他從貝家的井內，釣

劉海戲金蟾・桃花塢年畫

劉海戲金蟾・桃花塢年畫

到一隻三足大蟾蜍，用彩繩拴了負在肩上。此後即不知所終。至此，人們方知阿寶是為井中蟾蜍而來，他就是劉海蟾。

這是有文字記載的一則傳奇，桃花塢木刻年畫的「劉海戲金蟾」可能也是取材此傳說。

戶縣劉海傳說

「劉海生來有仙根，家住戶縣曲抱村。」這是流傳在戶縣人中關於劉海的民謠。

相傳劉海從小家貧，靠打柴養活雙目失明的老母。他幹活勤快，為人老誠，對母親也十分孝敬。

一日，劉海打柴回來，於村西小石橋邊的三角泉內偶遇一金蟾，生三隻腳，背黃腹白，見他過來不躲不閃。劉海甚是稀奇，每次路過，都要和他戲耍一番，才肯離去。

年復一年，劉海長大了，擔的柴也多了。有一次，他擔柴下山，被一位年輕女子擋住去路。那女子說她叫梅姑，從小看劉海在這兒打柴，勤儉老誠，要與他下山結為夫妻。劉海先是不允，梅姑苦苦懇求，追纏不捨，逼得劉海無法，才答應回家和母親商量後再說。

回到家裡，母親聽得此事，十

劉海戲金蟾・鳳翔年畫

劉海戲金蟾・鳳翔年畫

205

分樂意。第二天，劉海就答應了梅姑，一同下山結成夫妻。

梅姑來後，果然對母親十分孝敬。不久，母親去世，他們依然相親相愛，劉海打柴回來也吃上了熱騰騰的飯菜，高興得他整天樂悠悠的。

這一天他又從橋邊走過，想把自己歡喜的心情告訴那隻金蟾，金蟾卻不見了。正疑慮間，有一跛足道人朝他走來，對他說：「劉海呀！聽說你娶了個好媳婦，但她雖好，卻不是人，是個狐狸精。」

劉海不信，說他胡說八道，那道人嘿嘿一笑說：「你若不相信，今日回家就裝著肚子疼，她便給你一顆寶珠，你把這個寶珠吞下肚子，便知道她是誰了。」說著，道人不見了。

劉海懷著不安的心情回到家裡，放下柴擔就聲稱肚子疼。梅姑百般撫慰並熬湯醫治，都無濟於事，她便轉過身去，從嘴裡吐出一顆寶珠，交給劉海，讓他嗛在嘴裡。劉海得了寶珠，肚子也不疼了，連忙爬起來就要朝肚子裡吞。梅姑看出破綻，經再三盤問，劉海才把遇見跛足道人的事告訴了梅姑。

梅姑聽罷，對劉海說：「那跛足道人，是橋下的金蟾脫化，它也修煉了五百年，同樣有一顆寶珠，這寶珠就是修煉的仙丹。多年來，它欲奪我仙丹，湊成千年，急欲成仙，卻未能得逞，如今又想破壞你我美好婚姻。」劉海這才恍然大悟，把寶珠還給梅姑，提起斧子，要去找金蟾算賬，梅姑連忙攔住他，又把寶珠交給他，然後囑咐了幾句，才把他送走。

劉海來到石橋邊，照著梅姑的囑咐，拿出寶珠，金蟾一見就要吞。劉海逗著它左轉十八圈，右轉

劉海戲金蟾・濰縣年畫

十八圈，不一會兒那金蟾果然渾身抖索，心口作嘔，吐出了寶珠似的丹來，劉海連忙吞下肚去。金蟾失去仙丹，只得依附於劉海，劉海就讓它吐出金燦燦的金錢來。

從此，劉海得了仙道，不再打柴，雲游四方去了。劉海戲金蟾，金蟾吐金錢，走到哪裡就把金錢撒到那裡，救濟窮人。人們熱愛他，感激他，叫他「活財神」。

現在戶縣曲抱村西邊還保留著劉海廟和金蟾吐丹的「吐丹橋」、「金蟾池」等遺蹟。劉海的故事被編成戲曲，廣為流傳。

劉海戲金蟾·濰縣年畫

黃山劉海傳說

黃山民間流傳著這樣一個故事：很早以前黃山腳下的湯口村，住著一位姓劉的老農民，夫妻只有一個兒子，因為黃山又稱黃海，所以取名叫劉海。

劉海自幼跟隨父親勞動，學得一手好農活。挖山耕地、砍柴、種茶樣樣都行。劉海長得秀氣俊俏，心地忠厚，還學會了吹笛子、唱山歌。

南海龍王有個女兒叫巧姑，自幼生長在水底龍宮。

一次，龍王帶巧姑去北海龍宮赴宴，往返途中的美景給她留下了極其美好的印象。一次，她趁龍王外出的機會，變作一隻金色的蟾蜍躍出桃花溪白龍潭，伏在一片翠綠的荷花葉上觀賞四周的景色。

就在小金蟾遊興正濃之際，突然腥風呼嘯，草木搖盪，有一條兇殘的大蟒吐著可怕的毒舌向她撲來。這可把小金蟾嚇壞了，她剛喊了一聲「救命啊！」便被大蟒緊緊地纏住了。正在桃花峰下砍柴的劉海，聽見

了呼救之聲，便手持柴刀四處搜尋，發現樹林裡有一條巨蟒正要吞吃一隻可憐的小金蟾。

勇敢而矯健的劉海，飛快地竄到大蟒跟前，揮起砍刀，向大蟒劈去。大蟒見勢不妙放下金蟾，捲起一陣腥風便逃走了。好心的劉海，捧起被嚇昏了的小金蟾，把她輕輕地放在了白龍潭邊的荷花葉上。

金蟾醒來只見自己又上了荷葉，山上有一位英俊的青年在對自己點頭微笑。「噢！原來是他從惡蟒口裡把我救出來的。」金蟾懷著真誠的感恩之情，向岸上的劉海頻頻點首，又從口中把一顆龍珠吐在

劉海戲金蟾（墨線版）‧濰縣年畫

荷葉上，示意是她贈送給劉海的紀念之物，然後戀戀不捨地躍入水中回龍宮去了。

劉海見那金蟾口吐龍珠下水去了，知道這是贈給他的禮物，便俯身拾起回家去了。此時的劉海已經二十三歲，母親已去世，父親年邁，家中的一切都由他一人操辦。加上他家房子陳舊得幾乎不能住了，需要蓋兩間新房。他是多麼需要一位同他情投意合的姑娘，成為他的妻子，幫他贍養父親，操持家務啊！

這次相遇之後，巧姑深深愛上了劉海。一天，她思念劉海心切，又偷偷跑出了龍宮，變作金蟾爬上荷葉盼望能再次見到劉海。

那一天劉海因為要伐木蓋房，也來到了白龍潭邊。劉海心事重重，一邊伐木和放牛，一邊唱起了山歌：「小小牛角尖又尖，放牛娃兒好可憐。晴天無人做飯吃，下雨誰給補衣衫？手拿柴斧上山岡，砍棵青松作棟樑。一朝我把新娘娶，給我燒飯補衣裳！」

婉轉悠揚的山歌，聲聲句句震動著龍女的心弦，激起了她對劉海的

無限同情和愛慕。劉海伐樹累了，走到潭邊喝水，忽然發現在他的身邊有一串金錢。哎！這是誰把金錢丟在這兒了？他四顧無人，喊了幾聲也無人答話，便放下錢準備回家。

誰知那串金錢竟叮叮地響了起來，原來這錢是金蟾暗放在他身邊的，那串著金錢的絲線就在她的手裡。劉海要走，她便在水下牽動絲線，讓那串金錢響起來。劉海感到奇怪，聚精會神地端詳那串金錢。沒想到上次那條吞吃金蟾未成的大蟒，從背後向劉海撲來。

龍女在水下看得清楚，急忙從水中躍出，從劉海眼前跳向他的背後，引導劉海轉過身來發現已經撲到面前的凶蟒。劉海手疾眼快，抽出砍柴刀，迎面一刀，把那條惡蟒斬作兩段。

劉海見是小金蟾在危急中救了他的命，十分感激。又見那牽動金錢的絲線也隨著金蟾上了岸，他才愛撫地捧起金蟾，向她道謝說：「小金蟾哪小金蟾，你要是一位姑娘該多麼好，我們可以結為夫妻，白頭到老永不分離。」說罷，他輕輕地把那牽金錢的絲線系在金蟾的頸項上，牽著她在溪邊玩了起來。

劉海牽著金蟾在前面走，金蟾在他的身後輕快地跳躍著。忽然間劉海覺得手中的絲線一下沉重了起來，回頭一著，大吃一驚，原來那金蟾變成了一位漂亮的姑娘，跟在身後朝他微笑。

劉海戲金蟾（墨線版）·濰縣年畫

劉海忙向那姑娘說：「你是什麼人？怎麼我牽的小金蟾不見了呢？」「我就是那小金蟾，你不是說要同我白頭偕老永不分離嗎？」那姑娘羞澀地回答劉海說，「從此以後，晴天有我給你燒飯，下雨有我為你補衣衫，好嗎？」劉海聽罷，想起了

小金蟾贈他龍珠的事，明白了這姑娘的來歷，真是喜出望外，連忙說：「好，好！」

於是兩個人收拾起柴刀、牽著牛扛起松樹，高高興興地回了湯口村。

劉海得金蟾，得到了幸福。這說明蟾是幸福的象徵。

蒙城劉海傳說

傳說，劉海是淮北蒙城人，一天正從井裡汲水澆菜，忽然從井裡跳出一隻青蟾，伏在他腳下流淚。他在驚駭不解時，見到後面跟著躥出一條青蛇，向青蟾襲去。

劉海心裡立即明白，便急忙抄起扁擔，狠狠一下，打死了青蛇。這時，青蟾破涕為笑，一下變成了一隻金蟾。劉海見了非常喜愛，就和金蟾戲耍起來。

猛然金光一閃，金蟾又變成一個苗條美麗的姑娘。

劉海又驚又喜，急忙打聽起金

劉海戲金蟾‧濰縣年畫

蟾姑娘的身世來。原來，金蟾姑娘本是王母娘娘玉池裡的一隻金蟾，她因一次私自出來玩耍，被打下凡間，墜入水中受苦，王母娘娘派了一條青龍看管她。

這天，金蟾出來，被青龍發覺，要對它進行懲罰，幸虧劉海打死青龍救了她。

劉海聽了金蟾的故事，很同情金蟾。於是，劉海和金蟾結為夫妻。

為了跟天庭對抗，他倆來到黃山尋找八仙救助。八仙中的何仙姑是劉海的同鄉鄰居，救劉海心切，便領著七位師兄，在黃山上空擊敗天兵天將，救了他二人的性命。

從此，這個故事便在黃山留下了一個美景：劉海戲金蟾。

北京劉海傳說

傳說劉海是五代時燕山府人（今屬北京市西南宛平人），曾為遼朝進士，後事燕王劉守光為丞相。

此說認為，劉海即劉海蟾，本名劉操，字昭遠，又字宗成。公元911年，劉守光僭號燕帝，劉操諫之不聽，遂託疾掛印棄官而去，改名劉玄英，道號「海蟾子」。

後遇呂洞賓傳授秘法，拜其為師，得道成仙，雲游於終南山、太華山之間。元世祖忽必烈封其為「海蟾明悟弘道真君」，武宗皇帝加封「海蟾明悟弘道純佑帝君」。

據說，劉海素習「黃老之學」，還有幾本著作，著有《還金篇》、《黃帝陰符經集解》等。

三腳蟾的傳說

傳說中劉海所戲的金蟾並非一般蟾蜍，而是三足大金蟾，舉世罕見，是被神化了的蟾。

《太平御覽》引《玄中記》云：「蟾蜍頭生角，得而食之，壽千歲，又能食山精。」當時人們把蟾

劉海戲金蟾·濰縣年畫

蜍當成了避五病、鎮凶邪、助長生、主富貴的吉祥物。於是金蟾被看做是一種靈物，古人認為得之可以致富。所以民間流傳有「劉海戲金蟾步步得金錢」之說，這是劉海被塑造成財神的主要根據。

相傳劉海和母親相依為命，母親去世後變為蟾，劉海想續孝，但不知道哪個是他母親。有人告訴他，你母親活著的時候愛吃什麼？他說甜的東西，劉海便在樹枝上面放上點甜的東西放在井口，果然有隻三腳蟾

劉海戲金蟾・濰坊年畫　　　　　　　　劉海戲金蟾・濰坊年畫

從井裡爬了上來，那便是劉海的母親。

　　關於三足金蟾，還有一個版本，故事說神仙劉海有一次化身為一位有錢人家的僕人，一天他跳到一口井裡，捉到一隻三條腿的大蟾蜍，用彩色的繩子繫住，放到他的肩膀上，又跳到外邊讓人們觀看，然後緩緩地飛到天上。此後，人們就把這一故事廣為流傳，並且畫成畫，在過新年時貼在家裡，祈求吉祥。

　　劉海是個悟道棄富的道士，本與財神無緣，但或許是源於他的道號—海蟾子，而慢慢地訛傳為「劉海戲蟾」。

　　民間有關劉海捉金蟾的目的又有不同的說法。

　　一說劉海以金蟾為食。

　　金蟾是民間信仰中的靈物，劉海以之為食，說明他神奇非凡。

　　又一說劉海捉金蟾是令金蟾吐金，施濟天下窮人。

　　金蟾是民間傳說中能吞吐金錢的靈物。把蟾與金錢聯繫起來，可能是由於蟾身布滿類似金錢斑紋的緣故。劉海捉金蟾的方法是根據金蟾的

「習性」，以一串金錢引誘並釣住它，用計收伏了修行多年的金蟾，得道成仙，即民間所謂「劉海戲金蟾，步步釣金錢」，或「劉海戲金蟾，金蟾吐金錢」。他走到哪裡，就把錢撒到哪裡，救濟了不少窮人。

為此，民間還修建了劉海廟，把他的故事編成戲劇，到處吟唱。

人們說：「劉海本是一大仙，四季發財萬萬年。」現在民間還流傳著這樣的順口溜：「抬進一口聚寶盆，頭前引路是財神，見我家中多吉利，喜似劉海撒金銀。」

劉海戲金蟾・鳳翔年畫

劉海戲金蟾年畫

劉海戲金蟾年畫的最早構圖可能源於明代文人畫。明代是中國繪畫史上的一個重要階段，明代前期，畫院興盛，人才輩出，宮廷中擁有不少卓有成就的山水人物畫家，他們繼承兩宋「院體」畫風，又具有自己的風貌，形成了明代「院體」的特有風格。其主要特點是形象準確，法度森嚴，色彩豔麗。現存於石家莊市博物館的明代劉俊《劉海蟾圖》正是這一時期的作品，透過它可窺見明代「院體」人物畫之風采。

劉俊的《劉海蟾圖》，長一八一點三公分，寬一零八點八公分，絹地，設色。畫中劉海蟾神情怡然，步態從容，身著長袍，足登雲履，腰繫葫蘆與紫

劉海戲金蟾・朱仙鎮年畫

213

芝，左手托三足金蟾，飄波於碧濤之
上。背景遠山一抹，海天遼闊。

劉海戲金蟾·綿竹年畫

　　該畫有一股清新自然之氣撲面
而來。在浩瀚無垠的大海和遼闊無邊
的天空映襯之下，劉海蟾的神仙氣質
脫穎而出。畫家攝取了劉海蟾信步波
上的瞬間，雖無情節，卻給人留下無
限遐想的空間—他是到蓬萊赴會眾神
仙，還是到凡間賜福世人？這正是畫
家構思的奇妙之處。

　　《劉海蟾圖》源於民間傳說，
而劉海戲蟾的「仙跡」在明代已有傳
說，明人李日華《六硯齋筆記》中記
載：「黃越石攜來四仙左像……一為
海蟾子，哆口蓬髮，一蟾五色者戲踞其頂。手一桃，蓮花葉，鮮活如生。」

　　後來白髮老人的形象轉變為飽滿、憨稚的童子模樣，在民間代代相
傳。民間俗稱「劉海戲金蟾，步步釣金錢」，所以劉海成為釣錢散財之
神，也稱招財童子，反映出民間百姓希望發財富裕的願望。

　　在傳統年畫中劉海的神像常常與和合二仙、天官、財神配合，更增
添了喜慶、吉祥的寓意。

　　最初，劉海戲金蟾年畫主要是張貼在窗戶中央或室內。後來，劉海
戲金蟾年畫演變為門神畫，為左右對稱兩童子戲耍，左邊一童子紅衣紫
褲，右邊一童子綠衣黃褲，運用了強烈的對比色系，色彩濃豔。人物形
象樸拙，線條粗獷，動態和諧，構圖飽滿。而不同產地的年畫在色彩和
構圖上都略有變化，體現了各地獨有的風格。

　　明清之際，劉海戲金蟾的年畫非常盛行，多為劉海用縛著一串金錢
的繩索和金蟾玩耍的情景。清初以來，更是常見於表示喜慶、吉祥的傳
統年畫上，寓意發財、富貴，皆淵源於此。

　　年畫中的劉海蟾十分可愛，特別是劉海戲金蟾出現在大量的民間年

財神，這樣拜就對了

畫和剪紙中，歷代畫家也有不少這一題材的佳作傳世。在這些作品中，劉海皆是手舞足蹈、喜笑顏開的頑童形象，其頭髮蓬鬆，額前垂髮，手舞錢串，一隻三足大金蟾叨著錢串的另一端，作跳躍狀，充滿了喜慶、吉祥的財氣。

年畫中的金蟾有其特殊的形態，其為三足蟾。雖然其滿身的錢味，但並不覺得俗氣。碩大的嘴，暴突的大眼，滿身的蟾鈕，以及喜氣洋洋的神氣，平添了一縷情趣，亦寓意財源興盛、生活幸福美好。

民間有「劉海戲金蟾」吉祥物，劉海手扶長串金錢釣金蟾，金錢撒到庭院前，榮華富貴萬萬年。

金蟾有特殊的形態，其為三足蟾，其大嘴咬著線，胸前掛有錢。

擺放金蟾也有講究，要將金蟾口朝向屋內，而且要擺放在宅的吉利方位和宅主人的命卦吉位，並且還要符合當年的流年飛星吉位。

舊時結婚，人們常張貼劉海戲金蟾的吉祥畫，以取吉利，表示日子越過越發財，生活越來越美滿。

2004 年 1 月 14 日發行的《桃花塢木版年畫》特種郵票，第三圖就是「劉海戲金蟾」，圖中一赤足兒童，手拿一串金錢，戲耍腳下邊

劉海戲金蟾・平度年畫

劉海戲金蟾・平度年畫

的三足蟾蜍。

民間年畫中的劉海是一副歡天喜地的胖小子的模樣，袒胸露懷，蓬頭赤足，雙手舞動一串金錢，正向一仰視的三足金蟾拋去。民間貼這類年畫，有祈財求吉之意。劉海形象至今仍以吉祥圖案的形式出現在年畫、剪紙、枕被、工藝品中。

劉海騎金蟾・楊柳青年畫

有關劉海戲金蟾的詩文

劉海戲蟾的故事，至遲在北宋時便已產生了。北宋詞人柳永《巫山一段雲》：「清旦朝金母，斜陽醉玉龜。天風搖曳六銖衣，鶴背覺孤危。

劉海戲金蟾・楊柳青年畫

貪看海蟾狂戲，不道九關齊閉。相將何處寄良宵，還去訪三茅。」這是最早的劉海戲蟾記載。可見，當時已有「劉海蟾狂戲蟾」的戲曲演出。

劉海戲蟾最初的目的是除蟾祟，所以劉海蟾所到之處，蟾聲消絕。考究起來，其所謂「戲」是一種巫術動作。《古今圖書集成・神異典》引《邵武縣志》說：「劉海蟾，名元英⋯⋯或曰：元英本名海，嘗以道力除蟾祟，故稱為海蟾雲。」

劉海戲蟾的故事幾經演變，喜劇色彩越來越濃，「戲」的巫術驅邪意義逐漸消失，蟾已不再是除祟的對象，而是施行法術的靈物。

明朝李日華《六硯齋筆記》說：「皇越石攜來四仙古像，一為海蟾子，哆口蓬髮，一蟾玉色者戲踞其頂。手執一桃，連花葉，鮮活如生。」

據清初《堅瓠集》記載，劉海戲蟾，「舉世無不知其名者」，「今畫蓬頭跣足嘻笑之人」，即劉海也，「手持三足蟾弄之」。

清孟籲甫的《豐暇筆談》中的敘述，就更加神乎其神：劉海「汲井得三足大蟾蜍，以彩繩數尺系之，負諸肩上，喜躍告人曰：『此物逃去，期年不能得，今得之矣。』於是鄉里傳述……爭往看之，至擁擠不得行」，此後民間舞還出現劉海以金錢戲三足蟾，為吉祥之兆。

陝西漢中文物局保存的《劉海戲蟾》石刻，為兒童舞蹈。因此，三足蟾成了不可多得的吉祥物，後來不僅出現了劉海戲蟾的年畫、雕塑，而且也出現了單個的三足蟾形象，如口含金錢的三足蟾、皮膚表面有疙瘩的三足蟾、體態圓胖的三足蟾等。

劉海戲金蟾・開封年畫

劉海戲金蟾・開封年畫

13

和氣生財
和合二仙

和合二仙本不是財神，而是掌管婚姻的喜神和愛神，民間傳說他倆是象徵團圓、和諧、吉慶的二位仙人，別稱「歡天喜地」。

　　或許婚姻離不開財源，有了財富才能歡天喜地，他們有時也會開小差溜進民眾家裡當當財神。

　　又因為商人在經營中，發現橫眉冷對顧客不能發財，反而是整天笑咪咪最容易生財，謂之和氣生財。而民間諸神中，笑得最和藹的就是和合二仙，故商人也將其奉為和氣生財的和合財神。

　　關於和合二仙的來歷，有多種說法，其中最流行的傳說是，他們是「寒山拾得」。

寒山拾得的傳說

　　和合本義為團圓，但後來轉為喜慶之神，逐步由一種演變為二種。至清代雍正時，以唐代詩僧寒山、拾得為「和合二仙」。他們一個持荷花（「荷」與「和」同音，取「和諧」之意），一個捧盒（「盒」與「合」同音，取「合好」之意），二人為「和諧合好」之意。

　　和合二仙是民間傳說之神，主婚姻和合，故亦作「和合二聖」。舊時婚禮上多懸掛和合二仙像，象徵夫妻相親相愛，百年好合。同類的圖案還有「和合五福」等。

　　關於寒山、拾得的關係，民間傳說中也有多種版本。

和合二仙（清）

版本一：從小情投意合親如手足

是說唐朝初年，天台山有兩個孤兒，一個叫寒山，一個叫拾得。兩人從小情投意合，親如手足。長大後，同時愛上一個姑娘。

版本二：天台山僧

據《事物原會》記載：「和合神乃天台山僧寒山與拾得也。」清雍正十一年封唐天台僧寒山大士為和聖，拾得大士為合聖，故亦稱和合二聖。

版本三：國清寺老僧豐乾髮現拾得

「和合二仙」的真人原型是唐代貞觀時，浙江蘇州楓橋寒岩山的兩位僧人，一名寒山，一名拾得。

寒山拾得二聖
（蘇州寒山寺石刻拓片）

寒山又名寒山子，傳說是「應舉不利，不群於俗，蓋楚狂、沮溺之流」的一位詩僧，後隱居天台寒岩山。

拾得，本孤兒，天台國清寺僧豐干拾而養之，故名拾得。

兩僧自幼都有詩才，互相敬慕，遂成好友。寒山詩偈多題於村墅屋壁，集之得三百餘首，曰《寒山子詩集》。

天台山國清寺是寒山、拾得的祖庭，內有他倆的畫像，其文字描繪曰：「寒山，一印記，一手拊膝，微笑，赤足。拾得一手托珠，一手閱卷，亦赤足，大笑。」雖然二人看似狂顛不羈，衣著不整，但吟詩唱偈相處甚歡。

版本四：寒山路旁撿拾得

相傳唐代時，隱居在天台寒岩的詩人寒山（也稱寒山子），一天離寒岩到國清寺，半路上聽到有嬰兒的啼哭聲，聞聲尋去，只見路旁草叢中遺棄著一個嬰兒。寒山將他抱在懷中。

說來也怪，這個嬰兒見風就長，一條嶺還沒有走完，嬰兒已長成了小孩。寒山問他為何被棄路旁，小孩說等候詩仙。問他名字，他說沒有名字。寒山因其拾自路旁，就給他取名為「拾得」。以後，這條小嶺也叫做「拾得嶺」。

寒山和拾得來到國清寺，只見古剎莊嚴，香客如雲，一派鼎盛興旺之象，就捨不得離去，要求方丈讓他們留在寺裡燒火做飯。

寒山與拾得在寺中形影不離，情同手足，是相親相愛、情深義重的象徵。

和合二仙·桃花塢年畫

為了友情放棄愛情

和合二仙最令人感動的故事是他們為了友情放棄愛情。

相傳兩人最動人的故事是共同愛上一名女子。拾得臨婚，寒山得悉，即離家為僧，拾得亦捨女去尋覓寒山，相會後，兩人俱為僧，立廟寒山寺。

那一年，有位越州汪氏，由女兒芙蓉陪同來寺進香。不料汪氏在寺中一病不起，臨終前叫芙蓉請來寒山、拾得兩人，汪氏說：「眼看病已難愈，我把芙

和合·平度年畫

蓉託付兩位，望你們今後以手足相待，最好能與他們中的一個結為夫妻……。」

從此以後，兩人待芙蓉更是情同手足，拾得與芙蓉年齡相仿，後來漸生愛慕之情，而有的人見寒山年長無妻，卻希望寒山與芙蓉結成夫妻。

一天清早，寒山砍柴回來，見芙蓉的房裡點著燈，感到有些奇怪，

走近窗邊一聽，原來芙蓉在傷心地哭，拾得正在旁勸說。寒山正準備進去問個究竟，只聽得拾得對芙蓉說：「芙蓉，不要哭了，我們暗暗相好，寒山並不知道，他如果知道了，一定會成全我們的。我和你雖然不能結為夫妻，但你永遠是我的好妹妹。」

寒山一聽，才知拾得與芙蓉早已相愛，當即打定主意，離寺遠走，以成全他們兩人。寒山走出小院一想，自己不明不白地離去，一定要把拾得、芙蓉急壞，又轉身回到院裡，拿起一塊石頭，在牆上畫了一個光頭和尚，旁邊留了一首五言詩：「相喚採芙蓉，可憐清江裡……此時居舟楫，浩蕩情無已。」寫完後，寒山就悄悄地出走了。

二仙・平度年畫

拾得、芙蓉不見寒山回來，好生奇怪，後來看見牆上的詩和畫，才知道他出家做和尚去了。拾得說：「我一定要把他找回來，哪怕找到天涯海角，如果找到了，我與他一起出家，如果找不到，我也不回來了。」芙蓉聽罷，知道寒山拾得的深情厚義，只好哭著與拾得分別。

合和二仙・彌渡紙馬

拾得為了尋找寒山，不管山高路遠，找了很多地方還是不見蹤跡。一天他找到蘇州城，一打聽，聽說城外楓橋的一座寺院新來了一個和尚，相貌與寒山相像，他立即快步前往。

寒山聽說拾得千里迢迢而來，忙折一枝盛開的荷花迎接，用荷葉給拾得彈塵，拾得捧上食盒，同他共享剛募化來的飯菜，兩人解脫塵

和合二仙・彌渡紙馬

223

緣，結伴募化。

　　二人的故事從此傳為佳話，後人把捧荷的寒山稱為「和」（諧音），把捧盒的拾得稱為「合」，兩人合稱為「和合二仙」。

和合二仙‧朱仙鎮年畫

和合二仙‧朱仙鎮年畫

和合二仙的源頭

　　另說，和合二仙的源頭在唐朝，但他們的原型並非寒山、拾得，而是有縮地之術的萬回僧。

　　萬回，相傳俗姓張，陝西人，因為兄長遠赴戰場，父母掛念而哭泣，遂往戰場探親。他「出門如飛，馬馳不及，及暮而還」，萬里之遙，朝發夕返，故名「萬回」，民間俗稱「萬回哥哥」。

　　宋朝末年戰亂連年、民不聊生，杭州百姓為祈求平安，每年至農曆臘月之時，家家都掛萬回哥哥的神像，予以祭祀。

　　唐、宋時供奉的形象是「萬回哥哥」，因萬回象徵家人之和合，久而久之，民間便稱萬回為「和合仙」，自宋代開始普遍祭祀作「和合神」。

　　關於和合仙源自萬回的事，《西湖遊覽志》有記載：「宋時杭城以臘日祀萬回哥，其像蓬頭，笑面，身著綠衣，左手擎鼓，右手執棒，雲是和合之神，祀之可使人在萬里之外，亦能回家。」

另一說，相傳合仙本是唐代詩人寒山子，因其詩詞中常有將佛、儒、道三者合一的風格，民間便把他尊為「合仙」。

和合本為一神，人們在對他寄予無限希望的同時，把他渲染成理想中的二仙，俗稱「和合二仙」，並使之形象返老還童，專司民間的姻緣、家庭團聚與和諧。

還有一說稱和合二仙的形象為一男一女兩位稚童，由於他們既有象徵吉祥的寓意，又有孩童活潑可愛之形象，深得百姓喜愛，故常被民間藝人作為繪畫、雕刻和瓷塑的題材。

不過流傳最廣，現今仍被廣泛認可的和合二仙是詩僧寒山與拾得。

和合二仙・朱仙鎮年畫

豐干戲閭丘的傳說

從隋塔下方經過七佛塔進國清寺，必經一亭一橋。亭名「寒拾亭」，橋名「豐干橋」，這是為紀念唐代國清寺內寒山、拾得和豐干三位高僧而命名的。

寒拾亭，飛簷翹角，石砌門窗，亭名取自寒山、拾得兩人名字。亭的前後有「五峰勝境」和「萬松深處」的匾額。

蘇州楓橋這座寺廟也因寒山居住而出了名，以後改稱「寒山寺」。直到現在，寒山寺裡還塑著和合二仙相親相愛的塑像。

過寒拾亭不遠，就是豐干橋，橋下清流潺潺，橋頭有石獅守護，顯得古樸莊嚴。為什麼要取名豐干橋呢？這也是有緣故。

豐干出身唐代官宦人家，父親做過尚書，他雖是官宦子弟，卻出家做了和尚，經常披頭散髮，穿著破爛衣衫，在國清寺裡當春火僧，與寒山、拾得相親，後人稱他們為「三賢」。

其時，有個叫閭丘的貪官，對上吹牛拍馬，對下心狠手毒。他患了一種惡疾，渾身作痛，到處求醫都沒有醫好。

這一年，他出任赤城郡（今台州）刺史，上任途中遇見豐干。豐干用一碗水消除了他的病痛，閭丘又驚又喜，知道豐干不是一般和尚，趕忙相問：「本官前去上任，未知仕途如何？」

豐干說：「此去赤城，你定要拜謁文殊、普賢兩位仙人。」

閭丘又問：「不知文殊、普賢住在何處？是何模樣？」

豐干說：「在天台山國清寺，只怕你到了那裡見之不識，識之不得……。」說罷就揚長而去。

和合二仙・桃花塢年畫

閭丘到赤城後，即去國清寺，在橋上碰見寺僧道翹，便問：「請問文殊、普賢兩位仙人可在寺中？」

道翹不解其意，回答說：「寺裡並無仙人。」

閭丘又講了兩個人的容貌，道翹想了一想說：「噢！你要找這兩個人嗎？正在伙房裡燒火。」

閭丘趕到伙房，只見有兩人在灶下談笑，相貌與豐干說得一模一樣，便恭恭敬敬地拱手道：「兩位可是文殊、普賢仙人？」

寒山、拾得聽了哈哈大笑，連聲說：「豐干饒舌，豐干饒舌，我等貪賤，非神非仙，與官人無緣，請出，請出。」

說罷，兩人拍著雙手，快樂地蹦跳著不別而去。閭丘被弄得目瞪口呆，霎時間身上的病痛又發作起來。這就是民間流傳豐干戲閭丘的故事。

關於這段傳說，在史料中也有記載：「在寺執炊滌器，與寒山善，狀如瘋狂。閭丘胤出守台州，受豐干囑，入寺謁之，即與寒山連臂出走，

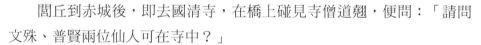

財神，這樣拜就對了

不知所之。」

　　還有一個版本：「寒山，唐貞觀時僧，亦謂寒山子。居天台始豐縣寒岩，與國清寺僧拾得友善，好吟詞偈，狀類瘋狂。台州守閭丘胤受豐干囑至寺謁之，寒山拾得笑傲出寺去。閭丘胤復往寒岩訪問，寒山縮身入石穴，其穴自合。」

禪機妙理昇華人生哲理

　　中國大多是傳說神，即以故事生動傳奇感人，而和合二仙除了故事性，還有哲理性，他們是一對充滿禪機妙理的神仙，因此他們是一對最富有思想深度的神仙，他們的哲學觀念昇華為人生哲理，因而更得到文化人士的敬慕。

和合二仙‧濰縣年畫

　　在民間，流傳著許多關於寒山、拾得的趣聞傳說。據說，倆人皆為貧僧，以智能、德行為名，同時二僧頗能自得其樂。或曲廊徐行，叫嗓凌人或望空獨笑，時追逐捉罵，駐立托掌，哈哈大笑良久而去。或於村野與牧牛子而歌笑，或逆或順自樂其性。

　　除了他們天性自然率真的傳說，還有一些關於他們的智慧的傳說。

　　寒山曾經這樣問拾得：「世間謗我、欺我、辱我、笑我、輕我、賤我、惡我、騙我，如何處治乎？」

和合二仙‧濰縣年畫

拾得回答說：「只要忍他、讓他、避他、耐他、敬他、不要理他，再過幾年你且看他。」

和合二仙・朱仙鎮年畫　　　　和合二仙・朱仙鎮年畫

這充滿禪機妙理的一問一答，宣傳的是儒家的中庸平和之道以及佛家「忍讓」和因果報應的思想。

寒山和拾得，把塵世間的苦痛在笑容中化解，用微笑來對待人世間的種種嘲弄和不平，深諳「人生不如意事十有八九」的客觀存在，因而能隱逸山林，心靜如水，達到了一種境界。

民間年畫中的二仙

民間年畫中的和合二仙形象皆為僧狀，被稱為蓬頭之笑面神，兩人一持荷花，一捧圓盒，意為「和（荷）諧合（盒）好」。婚禮之日必掛懸與花燭洞房之中，或常掛於廳堂，以圖吉利。

後來，人們將這兩位樂於為大家排憂解難的高僧少年時的形象畫成瑞像，懸於婚禮的喜堂上，寓意夫妻和合美好。寒山手執荷葉，「荷」與「和」字諧音；拾得手拿食盒，「盒」與「合」諧音。食盒中飛出蝙蝠，「蝠」「福」同音，象徵夫妻生活美滿幸福。清朝，清世宗下詔，封寒山

和合二仙・佛山年畫

為和聖，拾得為合聖。

有時，畫中沒有荷葉，而是以禾苗和稻禾取代了荷葉，但諧音寓意仍是「和」。如明代民窯青花瓷器上的二僧形象，由於時間的推移，圖案有了演變，變為一人持禾葉或禾苗，一人捧圓盒，仍是取其諧音的寓意。

「荷」「禾」「盒」三個字的諧音都為「和」或「合」，即「和諧合好」之意，象徵夫妻相愛。人與人之間「和為貴」，表達了人們嚮往真誠友愛的精神寄託。

「和合」是「二仙」的「形象」象徵。和合二仙因寓意「和合」而廣受歡迎和喜愛。中國民間繪畫和雕刻中的這一題材，主要要抓住和合二仙之間「和合」美好的情感關係，這是和合二仙的精神內質。

在姚福均的《鑄鼎餘聞》中，也稱二聖為「歡天喜地」，所以後世年畫題材中，尊稱他們為「和合二仙」的同時，也往往以「歡天喜地」為題。

我國民間藝術中廣泛流傳「和合二仙」的題材，各種藝術形式包括年畫、剪紙、雕刻、瓷器、古錢等。

如在明代弘治、嘉靖時期的青花瓷器中，有一種常見的畫面：兩位笑容燦爛、蓬頭垢面、袒胸赤腳或趿鞋、不修邊幅的僧人，一人持禾葉或禾苗，一人捧圓盒，和和氣氣地相向為伴。今人把這種瓷器稱為「和合二仙」。

在民間花錢（吉祥錢）中，也有他們的形象。通常是面穿左右兩

聚寶藏珠・綿竹年畫　　　聚寶藏珠（小幅）・綿竹年畫

仙童，左童執如意一柄，右童左手持盒，右手執蓮。背錢緣內八吉祥圖案，穿四周楷書「早生貴子，連中三元」。此世俗謂之和合二仙，婚禮時多供祀之，以求百年好合。

錢中右童手持二物蓮（荷）諧音「和」，盒諧音「合」；左童持如意諧稱心如意之如意，連讀為「和合如意」也。

吉祥錢所繪和合二仙往往不是二僧，亦不蓬頭，無瘋狂之態。和合二仙圖案的吉祥錢鑄造時間多為清代。和合二仙的傳說發展到這個時期，就成了兩個兒童，手執荷（和）盒（合）及如意等吉祥物。

我國民間風俗，原是隨著人民的思想愛好的變化而變化的。民間年畫和吉祥錢上的和合二仙人物圖像正是當時民間風俗的直接反映。

和合二仙・漳州年畫

春招財子・漳州年畫

春招財子・漳州年畫

14

家財之主
灶神

灶神充當財神的理由是，灶神可以下界降吉祥、帶來福祥。吉祥和福都與財富有關，古人樸素地認為，福就是財，有財就有福，有財就有吉祥，所以灶神就成了人們心目中的財神。但因為他的專業是灶神，財神只是他的兼職，所以只能算是準財神。

灶神的源頭

　　灶神也叫灶王爺、灶君、灶王府、灶君府、司命主等，道名為東廚司命定福灶君，俗稱灶君，全稱「九天東廚司命太乙元皇定福奏善天尊」，民間習慣上稱之為「灶神」。

　　灶神還有很多其他的稱呼，如被稱作「司命菩薩」或「灶君司命」，傳說他是玉皇大帝冊封的「九天東廚司命灶神府君」。

　　關於灶神傳說的源頭，從殷商時代就開始了，而且有各種各樣的說法。自古，灶神就受到尊重，古籍中多有記載，如《敬灶全書‧真君勸善文》中記：「灶君乃東廚司令，受一家香火，保一家康泰，察一家善惡，

奏善堂‧夾江年畫

奏一家功過。每逢庚申日，上奉玉帝。終日則算，功多者，三年之後，天必降之福壽。過多者，三年之後，天必降之災殃。」

　　灶神之職原是主管人間的飲食製作，掌管一家一戶的伙食灶火，作為一家的保護神而受到崇拜。民間宗教給灶神封了很多封號，那麼，灶神的名字到底是怎麼來的呢？

　　對於灶神的來歷，說起來源遠流長。在中國的民間諸神中，灶神算是資格比較老的。早在夏代，就已經是民間所尊奉的一位大神了。

　　傳說在東晉前，灶神又被玉皇大帝授予監察官之職，賦予派駐到每家每戶，審視這一家老小的功過得失，掌握一家人的壽夭禍福。灶神的主要職能是每逢年末的農曆臘月二十三，「上天言好事，回宮降吉祥」。

　　灶神的資歷要早於道教的出現，自秦以前，灶就被列為國家祭典的七祀之一，灶神的來源有黃帝、炎帝、祝融之說，也有說姓蘇、姓張的，無法考證。

　　據古籍《禮記正義》孔穎達疏：「顓頊氏有子曰黎，為祝融，祀為灶神。」

　　《莊子‧外篇‧達生》記載：「灶有髻。」司馬彪註釋說：「髻，灶神，著赤衣，狀如美女。」

　　因此，在我國民間有關灶神的傳說稱，灶神是一位美麗的紅衣女郎，還有人說是一位美麗少婦，也有說是個老奶奶，主管飲食的事。道書說灶神是崑崙山上的一位老母。

灶君府‧朱仙鎮年畫

灶君府‧聊城年畫

《抱朴子・內篇・微旨》中又記載：「月晦之夜，竈神亦上天白人罪狀。」

從這些記載，可以看出他的名字在很早就有不同稱呼，也可以看出灶神的來源。

到了漢代，灶神已變成了男性。在民間，有一種說法，說灶神是鑽木取火的燧人氏，或說是神農氏的火官，或說是清官「蘇吉利」。

有人說，炎帝給世界帶來了火種，他死後就變成了灶神。

也有人說，祝融是帝嚳時代的一個火官，不知為什麼，後來由人變成了灶神。

灶君府・武強年畫

這些說法都是有依據的。漢代以後，很多典籍對灶神來源進行了追溯，可見充當灶神的都是些大人物。《淮南子》中說：「炎帝於火，而死為灶。」《五經異義》則認為「祝融為灶神」。

還有一種說法，在唐人段成式的《酉陽雜俎》裡有記載：「灶神……又姓張名單，字子郭。夫人字卿忌，有六女，皆名察洽。常以月晦上天白人罪狀……故為天帝督使，下為地精。」

隨著時間的推移，關於灶神的傳說發生了很大的變化，原始社會生產力很低，人們對許多自然現象無法解釋，只好祈求於神。灶神由女變男，明顯地帶有人類社會由母系發展為父系的歷史痕跡。不同的時代，人們根據自己的不同需要虛構出來同一個神的不同形象，這也是十分正常的事。

傳說中的灶神，最初好像只管飲食煙火一類的事，後來權限就擴大了，轉而管人事，專門監督人們的言行，定期向玉皇大帝打報告，以備玉皇大帝獎善懲惡。開始時，灶神每年向玉皇大帝報告一次，後來報告

次數突然多起來，變成每月的最後一天都要上天去匯報，而且專說人的壞話。人們為了請灶神在匯報時多說好話，少講壞話，便要多多祭拜他。

過去灶神年畫和灶君馬為家家戶戶所祀，故民間故事中有關灶君的傳說也多，各地有關灶神的傳說往往各不相同。主要有如下幾種傳說。

炎帝為灶的傳說

古籍中記載，灶神最早的原型不是傳說的那些人，而是炎帝。

《淮南子・氾論訓》記載：「炎帝於火，而死為灶。」

高誘注：「炎帝，神農，以火德王天下，死託祀於灶神。」

此外，還有黃帝為灶神，祝融（名犁，顓頊之子）為灶神等多種說法。

祝融為灶容易理解，因為祝融本身就是火神、火正（司火之官），祝融弟之吳回（又名回祿）亦為火神。

不過，古人所謂的「司火之官」，並不是管理灶火，而是主要負責觀測大火星（心宿二，夏天的標誌星）在天空中的位置。

古人使用火，需要解決許多技術難題，除了保存火種、鑽木取火、製造配套器物之外，還需要解決一個至關重要的大問題，這就是如何避免一

灶君府・聊城年畫

灶君府・濰坊年畫

氧化碳中毒，否則就會出事。

從五十萬年前的北京人，到一萬八千年前的山頂洞人，都是用火的，炎帝之名的含義就是指用火的部落。

有專家考證，「炎」字兩個「火」上下重疊，意思是指煙火向上走，即《說文》「炎，火光上也，從重火」。而「炎」又與「煙」同音，則表明炎帝部落解決了使用火的通風排煙問題，並由此而避免了一氧化碳中毒。

因此，有的專家認為，炎帝原本亦可名叫「煙帝」。並進而引申聯想：從這個角度來說，民間敬重灶神炎帝，是在感激他解決了使用火的過程中如何排除煙塵、避免煤氣中毒的技術難題（設置煙道、煙囪，以及通風換氣等）。

灶君府‧聊城年畫

玉帝女婿的傳說

關於灶君是玉帝女婿的傳說，主要在北方流行。很多地方都有灶君廟，如山西平遙城隍廟內就有一座灶君廟，灶君廟裡有灶神和灶神奶奶兩尊神像。

平遙當地傳說，城隍廟中灶神的來歷十分神奇。傳說玉皇大帝有個小閨女，長得十分漂亮，玉皇大帝把她視為掌上明珠。

灶王府‧武強年畫

財神，這樣拜就對了

一天，玉皇大帝派王母娘娘到人間視察民情，小閨女哭鬧著要跟母親下凡間去玩，王母娘娘沒有辦法，只好帶著她一塊到人間察看。

來到人間，小閨女看看這兒，瞧瞧那兒，感到到處都好玩。特別是人間的恩愛夫妻，她看後臉一紅，心想：我啥時候也能像他們一樣過上美滿幸福的日子呢？

晚上，老百姓都關門睡覺了，小閨女看到一戶人家亮著燈，就瞞著母親悄悄來到這家。看見一個小夥子正在鍋灶前燒火，小閨女心想：這個小夥子模樣長得不錯，看樣子又忠厚老實，要是能跟他在一起生活該有多好啊！

她鼓起勇氣，走進灶房，說自己沒爹沒娘，討飯來到這裡，想找個住宿的地方。小夥子十分可憐她，先給她弄了點吃的。小閨女吃罷，便幫助小夥子燒火，兩人邊燒火邊說話，越說越對勁兒。說來扯去，就私定終身，結為夫妻。

王母娘娘知道此事後，非常生氣，怎麼勸她回宮，她也不聽。

王母娘娘回到天宮，玉帝問女兒為什麼沒回來，王母娘娘說：「她喜歡人間美景，想多看幾天。」

灶君府・平度年畫

時間長了，玉帝不見閨女回來，多次向王母娘娘追問。王母娘娘見瞞不過去了，只好說了實話。

玉帝氣得渾身發抖，說：「那個小夥子不是給別人燒火嗎？好！我就讓他們當灶神和灶神娘娘，看他們知道不知道害羞！」

就這樣，玉帝的小閨女與她的丈夫就成了灶神娘娘和灶神了。

這一年大旱，莊稼收成不好。灶神娘娘看到百姓生活困苦，就常常借回天宮娘家的機會，偷偷帶些吃的和穿的分給周圍百姓。

玉帝發覺後，下旨只準閨女、女婿每年臘月二十三回天宮一趟。灶神娘娘無奈，只好按玉帝規定的時間回天宮。

打那以後，人們為了祈福消災，把他倆塑成金身供在廟裡，畫成像貼在灶房裡，年年臘月二十三進行一次大掃除，晚上祭灶，送灶神、灶神娘娘回宮，讓他倆「上天言好事，下界保平安」。到正月初一五更，再把他倆接回凡間。

這一風俗，世代相傳，唐代陸龜蒙在《祀灶解》一文中說：「生已祀之，以祈福祥，祀之可也。」

灶君位·朱仙鎮年畫

李回心休妻的傳說

提起灶神爺和灶神娘娘，漢族中至今還流傳著一個有趣的民間故事呢，相傳很早以前，李家山上住著一個名叫李回心的人，他家是方圓內數一數二的富戶。他十八歲時和一個農民的女兒王慧敏結了婚。那女子長得雖說不上如花似玉，倒也有幾分光彩，因她聰明賢慧，和丈夫生活得還算和睦。

恰恰這村上有個嘴饞多事的媒婆，她有一個侄女，名叫照平，生來好吃懶做、嫌貧愛富，媒婆早就答應給她找個坐享其福的大戶人家。為這事，媒婆急得好似打慌了的夜貓子兩頭跑。

這天，她從李家過，心裡有了鬼主意，便一頭撞進李家，對李回心說：「李公子呀！像你這樣的富貴人，怎麼只娶一個老婆呢！依我看，你應該多娶幾個夫人，才不誤你那黃金似的歲月！」

李回心本來就是一個花花公子，經不住媒婆的花言巧語，答應娶照平做小老婆。可是過門不久，照平就起了嫉妒心，逼李回心把王慧敏休了。

王慧敏傷心地走了，來到一處比較平坦的地方住下來，用她那勤勞的雙手開荒種植五穀，生活逐漸好起來。後來那個地方又來了許多遭難

灶君府·聊城年畫　　　　　　　　　　灶君府·聊城年畫

的人，慧敏幫他們安居樂業，慢慢建起了一個大村莊。大家推選慧敏做了他們的頭領。

俗話說：「一日夫妻百日恩。」慧敏儘管光景不錯，但卻時常掛念他那離別的丈夫李回心。

李回心自把王慧敏休了以後，終日和照平吃喝玩樂，不幾年，就把家裡的積蓄花光了，家當器具也換了飯吃，最後把房屋田產都賣了。而照平見李家油水乾了，遂改嫁給別人。

李回心沒辦法，只好沿門乞討。在一個北風呼呼、大雪紛飛的冬天，李回心踉踉蹌蹌地走進一個村子裡，由於飢寒交迫，臥倒在一家門前，隨著狗叫聲，屋裡走出來一個丫鬟，只見一個渾身落滿雪花、衣衫襤褸的人，同情地把他攙扶到廚房裡，灌了溫開水，烤乾了他的衣服，待他恢復正常後又讓他飽食了一餐飯。李回心受到這樣的恩賜，十分感激，問丫鬟：「你家主人是誰？」

丫鬟道：「我家主人是這兒的頭領，她寡居無親，心地善良，惜老憐貧。」

正說著，丫鬟喊道：「主人來了！」李回心從窗口向外一看，原來是他以前拋棄的王慧敏，頓時又悔又愧，自覺無地可容，臉無處放，長嘆一聲：「我的賢妻啊！我對不起你呀！」趁丫鬟沒注意，一頭鑽進火焰熊熊的灶膛裡。待夫人趕到，把他從灶膛裡扯出時，已被燒死了。

慧敏見此情景，悲恨交加，不久也死了。

這事傳到了玉皇大帝那裡，玉皇大帝認為李回心敢認錯，便封他為「灶神爺」；認為王慧敏聰明賢慧，封她為「灶神娘娘」。吩咐他們暗中監督人們的行為，在每年臘月二十三上天過年的時候，匯報人間一年的善惡情況。

湊巧，有天夜裡，李家山上那個媒婆不知被什麼東西把嘴封住了，早上起來一看，竟滿嘴高粱糖，動彈不得。人們說這是她平日挑撥離間，拆了別人的婚姻，灶神爺和灶神娘娘對她進行了懲罰。人們於是用高粱糖祭灶，好讓灶神們用以懲辦惡人。

至今，很多地方的人還保持著臘月二十三日過「小年」的風俗習慣，據說這是提前和灶神、灶神娘娘團年，好讓他們早些上天呢。

灶君府·聊城年畫

灶君府·聊城年畫

張郎休妻的傳說

相傳灶神原來是一個叫張萬倉（一說張單）的富家子弟，娶賢慧女子郭丁香為妻，夫妻倆的感情還不錯，日子也很和諧。由於丁香勤儉持家，使張萬倉家境富裕了起來。

一天，張萬倉在外做生意，看到一位漂亮女子叫海棠，立刻產生好感。海棠見張萬倉很富有，也主動獻慇勤。不久，張萬倉便把海棠娶到家中。海棠見丁香長得比她秀氣，又是正式夫人，便產生了嫉妒，逼著張萬倉休妻，把丁香趕出了家門。

從此，張萬倉與李海棠終日吃喝玩樂，不到兩年，就把財富揮霍光了。海棠見張萬倉成了窮光蛋，也離開張萬倉，另嫁他人去了。張萬倉家境敗落，又遭火災，孤獨一人，又不會做事，只好沿街乞討。

在一個大雪紛飛的日子，他又餓又凍，昏倒在一個富戶人家的門前。這家女傭見地上躺著一個乞丐，告訴女主人，並把他扶進廚房。不一會兒，張萬倉發現這家的女主人正是兩年前被他拋棄的丁香，頓時，他感到羞愧萬分，無地自容。此時，他想躲藏，又找不到藏身的地方，於是一頭鑽進灶裡，最後被燒死。

灶君府·武強年畫

灶王府·武強年畫

丁香到了廚房，看不到人，後來發現灶膛口有一個東西堵在那兒，上前一拉，才發現是自己的前夫，頓時悲憤交加，不久憂鬱而死。

關於這個細節的傳說還有一個版本：張萬倉乞討至一家門口，主人可憐他施捨他一碗熱麵條，並叫他在廚房裡暖暖身子，以免凍死。張萬倉一吃發現麵條味道是郭丁香所做，一問果然不錯，就羞愧地鑽進灶膛自焚而死。

東廚司命・騰沖紙馬

這兩個不同版本的故事，無論過程如何，結局是相同的：玉皇大帝知道這件事後，覺得張萬倉能勇於認識自己的錯誤，念張萬倉尚有悔過知恥之意，便封他為灶神。後來，人們把丁香奉著灶神娘娘，同張萬倉一起供奉在廚房裡。張萬倉因為娶過兩任妻子，所以濰縣等地出現了「三頭灶」的灶君年畫。

這個故事的結局還有一個版本，說張萬倉發現施飯者就是他休棄的妻子郭丁香，羞愧難當，碰死灶前，被姜太公封為

灶君・大理紙馬

灶神。柳腔戲《張郎休妻》、茂腔戲《火龍記》說的都是灶神這段故事。

州官小人的傳說

民間流傳關於灶神的傳說中，還有一個傳說是說灶神的壞話的。在有些老百姓的心目中，灶神是一個好吃好喝的貪官和揭發別人隱私、弄權邀寵的卑鄙小人。

傳說不知是在哪朝哪代，有一個大臣被派往地方當州官，這個州官讓百姓每天請他吃一頓酒席，誰敢不請，就立刻滿門抄斬。

灶君府・濰縣年畫

司命灶君・彌渡紙馬

吃了一年，這個州官倒是吃得白白胖胖的，可把老百姓吃得叫苦連天，有的人家逼得賣兒賣女，逃往他鄉。有一天，一位叫張大巴掌的農民請州官吃飯，州官樂顛顛地領著老婆去了，進屋之後，張大巴掌說：「你天天搜刮百姓，把老百姓吃得面黃肌瘦，這回你嘗嘗我的巴掌吧！」說完擼起袖子就要打，媳婦忙說：「別把他的屍首打碎了，把他打在灶牆上，死後讓他這個貪官永遠在灶旁煙熏火燎。」

村裡人知道後，拍手稱快，紛紛跑來觀看。有人提議，州官生前家家戶戶勒索吃喝，不如

司命灶君・南華紙馬

請個畫匠把他和老婆的模樣畫下來，貼在每家的灶牆上，讓他們瞪眼看著家家戶戶吃好東西。

從這些傳說中，就可以看出灶神的品行和為人了。老百姓在心理對灶神是深惡痛絕，恨得要死，怕得要命，但又不敢得罪這個「下地為精」的「天帝督使」，怕降下災難來，於是心裡恨他，表面上又千方百計地討好他，以求一年的平安無事。

由此可見，中國古人敬神仙是很值得懷疑的。敬可能是一種恨，只不過恨在心上，又恨又怕，所以表面上必須敬奉。

祭灶

　　從祭灶，可以看出灶神與財神的類似關係。祭灶其實是民眾賄賂灶神，古今很多商人發財也是通過行賄受賄而獲得財富，這是灶神和財神的相同之處。

　　祭灶風俗由來已久，《禮祀·祭法》記載「王為群姓立七祀：曰司命、曰中霤、曰國門、曰國行、曰泰厲、曰戶、曰灶。……庶士、庶人立一祀，或立戶，或立灶。」

　　鄭玄註：「小神居人之間，司察小過，作遣告者爾。灶主飲食翌日朝天去，白家間一歲事。祝曰：好多說，不好少說。」

灶君府·聊城年畫

　　祭灶風俗在中國流傳也很廣，舊時，差不多各地家家都設有「灶神」的神位。

　　灶神自上一年的除夕以來就一直留在家中，以保護和監察一家，到了臘月二十三日灶神便要升天，去向天上的玉皇大帝匯報這一家人的善行或惡行，送灶神的儀式稱為送灶或辭灶。玉皇大帝根據灶神的匯報，再將這一家在新的一年中應該得到的吉凶禍福命運交與灶神之手。因此，對一家人來說，灶神的匯報實在具有重大利害關係。

九天靈柱·鳳翔年畫

財神，這樣拜就對了

244

《敬灶全書・真君勸善人》裡說，灶神「受一家香火，保一家康泰，察一家善惡，奏一家功過」。每年臘月二十三這天，灶神這個人間「特派員」要回去向玉皇大帝匯報。被舉告者，大錯減壽三百天，小錯減壽一百日。至於讓你得個病病災災的，那更是稀鬆平常。

所以，家家戶戶，男男女女，老老少少，都對灶神誠惶誠恐，畢恭畢敬，不敢有半點疏忽和怠慢，生怕得罪了這位神爺，降災於己。

吃人家嘴短，拿了人家手軟，收受賄賂的灶神，回到天宮欺上瞞下。清人周勤補在《祭灶》詩中云：「膠糖禮灶潔春盤，歸到天庭夜未闌。持奏玉皇無好事，且將過惡替人瞞。」

祭灶送灶不僅是普通平民的事情，一些名人也介入其間，並為此寫了很多詩文。如魯迅先生曾寫有《庚子送灶即事》一詩：「隻雞膠牙糖，典衣供瓣香。家中無長物，豈獨少黃羊。」

魯迅詩中提到「黃羊」的典故，出於《後漢書・樊宏陰識列傳》：「宣帝時，陰子方者，至孝有仁恩，臘日晨炊而灶神形見，子方再拜受慶。家有黃羊，因以祀之。自是巳後，暴至巨富。田有七百餘頃，輿馬僕隸，比於邦君。子方常言『我子孫必將彊大』，至識三世而遂繁昌，故後常以臘日祀灶，而薦黃羊焉。」

陰子方看見灶神，殺黃羊祭祀，後來交了好運。從此，殺黃羊祭灶的風俗就流傳下來了。

司命灶君・南澗紙馬

送灶

中國春節一般是從每年臘月二十三或二十四的祭灶揭開序幕的，明代之前以二十四日居多，逐漸改為二十三日，其間還有所謂「官三民四船家五」的說法，也就是官府在臘月二十三日，一般民家二十四日，水上人家則在二十五日舉行祭灶儀式。

還有一種說法，有些地方分兩天進行，二十三日夜為祭葷灶，用雞鴨魚肉，美味佳餚為供品，二十四日為祭素灶，供品用水果、瓜子及點心等，但無論葷祭還是素祭，都少不了糖瓜兒。

送灶多在黃昏入夜之時舉行，一家人先到灶房，擺上桌子，向設在灶壁神龕中的灶神敬香。

為這些神靈供奉的祭祀，除了水果糕點之外，還無一例外地供著祭灶糖，這些祭灶糖或為關東糖，或為糖瓜、南糖，都是用飴糖和麵做成的糖瓜，從祭灶糖這名稱看來，就可知是專為灶神

司命灶君・南澗紙馬

預備的。其實，灶神並沒有吃這種糖，後來都被孩子們分而食之。

供品中還有涼水一碗、草料一碟，為灶神之馬而備。還有專門為祭灶製做的小羊油紅臘，上香以後，按尊卑長幼依次三叩首，同時口中有禱詞，無非是「上天言好事」、「好話多說，壞話少講」之類。

在唐代著作《輦下歲時記》中有「以酒糟抹於灶門之上謂之醉司命」的記載。用酒糟塗抹灶門，叫「醉司命」，也是讓灶神酒醉少說話的意思。

用飴糖供奉灶神，是讓他老人家甜甜嘴。在儀式中，人們用糖稀往灶口一抹，或將一塊糖投入灶中，用意是粘住灶君之口，謂之「粘灶」，即少說話，即便說出話來，也是甜言。有的人將糖塗在灶神嘴的四周時會邊塗塗邊說：「好話多說，不

司命灶君・下關紙馬

好話別說。」這是用糖塞住灶神的嘴，讓他別說壞話。

這種糖雖甜，卻非常粘牙，是麥芽糖。在老百姓看來，讓灶神吃了這種糖，粘住了牙，就不能開口講話，人間一些是非，就不會傳到玉皇大帝那裡去，以免受到他老人家的處罰，也免得他為人間小事勞神。

想想，如果供奉灶神的目的是讓他「上天言好事，下界保平安」，把他的牙粘住了，還怎麼讓他言好事？其實，這本來就是糊弄灶神的事。祭灶只不過是一個遊戲，而藝術就是遊戲，人生也不過一場遊戲，以遊戲精神待之，沉重的人生會變得輕鬆，是非、正誤都是不必去認真追究的。中國傳統文化中的「中庸之道」、「難得糊塗」等，在這一儀式上可謂表現得淋漓盡致。

司命灶君·玉溪紙馬

祭灶時還要供上一碗麵湯，俗話說：「灶神本姓張，一年一頓雜麵湯。」雜麵湯是用白麵、豆麵、地瓜麵混合製成，可見灶神在人們心目中的地位。

擺上供品和敬香後，還要準備一些用竹篾紮成的紙馬和餵牲口的草料，晚上在

奏善堂·下關紙馬

院子裡堆上芝麻秸和松樹枝，將供了一年的灶君像請出神龕（將神像揭下），連同紙馬和草料，點火焚燒，表示灶神和紙與煙一起升天了。

送灶神回天庭的時候，其實是人們對他行賄的時候，為的是讓他高高興興地滿載而歸。天宮路途遙遠，不能讓灶神風餐露宿，徒步而行，所以給他扎一匹大馬，讓他坐騎悠哉而行，還要給他燒上足夠的紙錢，以作路上盤纏。

此時，院子被火照得通明，一家人圍著火叩頭，邊燒邊禱告：今年

又到二十三，敬送灶君上西天。有壯馬，有草料，一路順風平安到。供的糖瓜甜又甜，請對玉皇進好言。

或跪在地上磕頭祈禱：「上天言好事，下界保平安。」

當灶神啟程的時候，有的家裡還要放幾個二踢腳，隆重地以禮炮相送，就這樣，灶神的畫像披在高粱桿紮的大馬上，在燃燒的火光和熱烈的鞭炮聲中，駕著一縷青煙升天了。

從送灶禮儀的講究，形式上還有「闊祭灶」和「窮祭灶」之分。王公府第、巨賈宅門為了排場，供品相當豐盛，還為灶神糊紙活，有升天用的車馬等；而小戶人家只在灶台上放碗涼水，燒三炷香，磕三個素頭後，把灶神馬一燒，亦算禮成。

北京風俗，商號有「三節結賬」的規矩。從祭灶開始，各商號派人各處收賬。還不起債者四處「躲債」，一直到除夕夜才不再討債。於是北京有「要命的關東糖，救命的包餃子」之說。

由於各地風俗不同，民間還有「跳灶神」和「打灶神」的活動。跳灶神是民間由古代「驅儺」發展而來的一種活動形式，主要是乞丐們的活動，由臘月一日至二十四日為「跳灶神」的日子。進入臘月後，乞丐們三五成群，扮灶公灶婆拿竹枝鬧於門庭，乞錢，謂之「跳灶神」，也含有驅邪之意。這一活動主要在我國的東南方進行。

有的地方的乞丐喬裝打扮，挨家唱送灶君歌，跳送灶君舞，名為送灶神，以此換取食物。看來，祭灶更是乞丐們的一場遊戲，成了乞丐的狂歡節。

魯迅還專門為送灶寫了一篇文章〈送灶日漫筆〉，他在文中說：「灶君升天的那日，街上還賣著一種糖，有柑子那麼大小，在我們那裡也有這東西，然而扁的，像一個厚厚的小烙餅。那就是所謂『膠牙餳』了。本意是在請灶君吃了，粘住他的牙，使他不能調嘴學舌，對玉帝說壞話。」

九靈灶君·下關紙馬

财神，這樣拜就對了

關於送灶，魯迅還說：「中國人對人的手段頗高明，對鬼神卻總有些特別，二十三夜的捉弄灶君即其一例，但說起來也奇怪，灶君竟至於到了現在，還彷彿沒有省悟似的。」

送灶詩中，宋代詩人范成大的《祭灶詞》最為著名，他對當時民間祭灶作了極其生動的描寫：

古傳臘月二十三，灶君朝天欲言事。
雲車風馬小留連，家有杯盤豐典祀。
豬頭爛熟雙魚鮮，豆沙甘松粉餌圓。
男兒酌獻女兒避，酹酒燒錢灶君喜。
婢女鬥爭君莫聞，貓犬觸穢君莫嗔。
送君醉飽登天門，勺長勺短勿復雲，
乞取利市歸來分。

這首詩，一方面反映了詩人對祭灶民俗的關注，另一方面也說明了唐宋時祭灶的供品相當豐富，而「乞取利市歸來分」則點明了灶神和財神的關係，可見祭灶民俗在宋代民間往往也是為了求財。

女不祭灶

臘月二十三日的祭灶有很多講究，如民間自古「男不拜月，女不祭灶」。婦女雖然每天圍著鍋台轉，一逢祭灶之時，便要遠遠避開。

通常，女人是不祭灶的。據說，灶神長得像個小白臉，怕女的祭灶，有「男女之嫌」。

《禮記·禮器》篇的鄭玄注曾說到灶乃老婦之祭。老婦料理一家人的飲食，整天圍著灶台轉，年終由她們主祭灶神，倒也合情合理。

可是，後來變了。因為灶神是

灶君府·聊城年畫

一家之主，老婦的地位與之便不匹配，故改由男性家長來主祭。發展到後來，祭祀灶神時，婦女竟連看都不許看了。清《畿輔通志》及《光緒順天府志》均引《帝京景物略》說北京人的祭灶：「今男子祭，不令婦女見之。祀餘糖果，禁幼女不令得啖，曰啖灶餘，則食肥膩時，口圈黑也。」

女子不但不能看祭灶，女孩子連祭灶剩餘下來的糖果也不能吃。

不過近代這種封建習俗已有所改變，有些地方採用男子主祭，負責敬香上供，女子在一旁陪祭的形式，主次依然分明，但闔家共祭，就少了些刻板氣，多了些人情味。

所以，「女不祭灶」的要求後來也不那麼嚴格了，可以由一家中的男主人主祭，先到灶房，向設在灶壁神龕中的灶神敬香和供品，此時婦女要用淨泥塗飾爐灶，叫「掛袍」。

迎灶神

通常來看，祭灶儀式甚至比迎財神的儀式還要隆重。因為老百姓認為，在送灶一週後的大年三十晚上，灶神便將帶著一家人應該得到的吉凶禍福，與其他諸神一同來到人間，因此灶神被認為是為天上諸神引路的。其他諸神在過完年後再度升天，只有灶神會長久地留在人家的廚房內。

迎接諸神的儀式稱為接神，對灶神來說叫做接灶。接灶一般在除夕，儀式要簡單得多，到時只要換上新灶燈，在灶龕前燃香就算完事了。

灶王府・武強年畫

透過上述描述的祭送灶神的儀式，可以看出祭送灶神其實表現的是人和神的關係。在現代生活中呈疏離態勢，人更關心也更在乎的是人自

身，即使在傳統的春節，人也不像從前那樣把與神的關係放在優先考慮的位置，把與神溝通、求神「上天言好事」作為首要的、最重要的事來辦。

灶神年畫的來歷

關於灶神名稱和灶神來歷的傳說眾說不一，而關於灶神年畫的來歷，民間還流傳著一個有趣的故事。

據說，古代一戶姓張的人，家中有兄弟倆，哥哥是泥水匠，弟弟是畫師。哥哥拿手的活是盤鍋台，東街請，西坊邀，都誇獎他壘灶手藝高。年長月久出了名，方圓千里都尊稱他為「張灶神」。

灶王位・平度年畫

張灶神不管到誰家壘灶，如遇別人家有糾紛，他都愛管閒事。遇上吵鬧的媳婦他要勸，遇上凶婆婆他也要說，好像是個老長輩。

所以，左鄰右舍有了事都要找他，大家都很尊敬他。

張灶神活了七十歲，壽終正寢時正好是臘月二十三日深夜。

張灶神一去世，張家可亂了套，原來張灶神是一家之主，家裡事都聽他吩咐，現在大哥離開人間，弟弟只會詩書繪畫，雖已花甲，但從未管過家務。幾房兒媳婦都吵著要分家，畫師被攪得無可奈何，整日愁眉苦臉。

一天，他終於想出個好點子。就

一家之主・武強年畫

在臘月二十三日張灶神亡故一週年的祭日深夜，畫師忽然呼叫著把全家人喊醒，說是大哥顯靈了。他將兒子媳婦全家老小引到廚房，只見黑漆漆的灶壁上，飄動著的燭光若隱若現顯出張灶神和他已故妻子的容貌，家人都驚呆了。

畫師說：「我寢時夢見大哥和大嫂已成仙，玉帝封他為『九天東廚司命灶神府君』。你們平素好吃懶做，妯娌不和，不敬不孝，鬧得家神不安。大哥知道你們在鬧分家，很氣惱，準備上天稟告玉帝，年三十晚下界來懲罰你們。」

兒女侄媳們聽了這番話，驚恐不已，立即跪地連連磕頭，忙取來張灶神平日愛吃的甜食供在灶上，懇求灶神饒恕。

從此後，經常吵鬧的叔伯兄弟和媳婦們再也不敢撒潑，全家平安相處，老少安寧度日。

這事給街坊鄰居知道後，一傳十，十傳百，都趕來張家打探虛實。

其實，臘月二十三日夜灶壁上的灶神，是張畫師預先繪製的。他是假借大哥顯靈來鎮嚇兒女侄媳，不料此法果真靈驗。

灶君府‧朱仙鎮年畫

當鄉鄰來找畫師探聽情況時，他只得假戲真做，把畫好的灶神像分送給鄰舍。如此一來，沿鄉流傳，家家戶戶的灶房都貼上了灶神像。歲月流逝就形成了臘月二十三給灶神上供、祈求合家平安的習俗。

祭灶風俗流傳後，自周朝開始，皇宮也將它列入祭典，在全國立下祭灶的規矩，成為固定的儀式了。

灶神年畫

灶神年畫有多種，分為「馬上灶」、「馬下灶」、「金錢灶」、「天門灶」、「太平灶」、「雙龍灶」、「雙奶灶」、「八仙灶」、「單蓬灶」

和「雙蓬灶」（上下兩層）等數十種。

但從大的分類，可分為三種，單灶、雙灶和三灶。單灶指年畫上只有灶神一個人物，雙灶指有男女兩個人，三灶指灶神和他的兩個妻子，畫面為左右各一。灶神年畫中的女神被稱為灶神娘娘，模仿人間夫婦的形象，他們是灶神夫婦。

灶神年畫圖中較為複雜的是三段式的灶神圖。上層是賜福財神和童子；中層為灶神夫婦及侍從；下層是宅神，兩邊有文官、武將和侍從。最下邊有聚寶盆和雞犬。加上畫幅兩側的八仙人物，全圖通常有三十二人。

三段式的灶神圖採用閣樓式構圖，畫面層次豐富、構圖飽滿，裝飾性很強，同時體現了多子多福的吉祥寓意。

灶神年畫的多種形式，與供奉者的身份和需求有關。其主要有如下幾種講究：

一曰「家灶」。為一般家庭供奉者，印灶神與夫人捧圭並坐。

二曰「官灶」。又稱「鰥灶」，是灶神一人獨坐，為官衙或商家作坊廚房貼用者。

三曰「上天灶」。尺幅較小，圖下印灶神夫婦並坐，圖上畫灶神騎馬於南天門會見玉皇，為山區農村所貼用。

四曰「神灶」。即獨座捧圭灶神，為旗人貴族們特用。「神灶」圖像尺幅較大，繪刻精細，灶神頭後之頂光為綠色（漢民祀者皆紅色），因滿族入關前為遊獵生活，沒有祀灶之風俗，康熙後始有祭灶之儀，又因皇帝稱君，故滿族統治者稱「灶神」。

五曰「燒灶」，這類灶神是以墨線印出後，不敷彩套金，中刻灶神，下臥一馬，上有「司命

灶君府・平度年畫

之神」字樣，專供無家可歸或平日不供灶神的作坊，以及旅居的異鄉過客，臨祭時買來貼用。

灶神除稱「司命之神」外，還有稱「東君賜福」者。上海印製的灶神，畫面比較特別，是灶神獨坐於「定福宮」下，前有「五子奪魁」等吉祥人物。

還有一種「趙軍官」，刻印趙雲持槍騎馬，下有文武財神、福祿星官等像。據說非平常人家所貼者，因恐灶神上天言事，古祀「趙軍」以祈平安。

儘管灶神似乎遠在天邊，可是在老百姓的心目中，卻是近在眼前。過去每到年關，家家戶戶打掃庭堂，清洗廚房，總不會忘

灶君府・朱仙鎮年畫

記在灶台旁貼一張灶神的像，客氣一些的，還會貼著灶神娘娘。後來民間藝人順應民眾習俗，乾脆在一張畫上畫有灶神和灶神娘娘兩個人。

可見，中國民眾想像力豐富，給土地爺和灶神各配了一位土地娘娘和灶神娘娘，這樣喊起來親親熱熱，像是一家人。

灶神龕大都設在灶房的北面或東面，中間供上灶神的年畫神像。沒有灶神龕的人家，也有將神像直接貼在鍋台上面的灶牆上，用一塊木板兒供著。

灶神的模樣通常是白面長鬚（也有黑面），橫眉瞪目，一副凜然之相，或紅面大眼，一副慈祥樣。灶神旁邊有灶神娘娘倍伴的年畫，兩邊通常有一副對聯：「天上耳目神，人間司命主」，橫批是：「一家之主」。

有的灶神像上部大都還印有這一年的日曆，畫上書「東廚司命主」、「人間監察神」、「一家之主」等文字，以表明灶神的地位。兩旁貼上

財神，這樣拜就對了

或寫上「上天言好事、下界保平安」的對聯。也有在兩旁印「上天言好事，回宮降吉祥」或「東廚司命主，南方火帝君」的對聯，橫批也是「一家之主」。還有一些不同的對聯，總之，都是以保佑全家老小平安為主題。

因為灶神受天帝委派為掌管一家的監護神，故被封為「一家之主」。灶神的權力似乎很大，但在很多地方，卻連個小小灶神廟都沒有，只有一張畫像貼在灶牆上，可見他在民間諸神中的地位還是很低。從民間流傳關於灶神的傳說看來，他的經歷也確實充滿苦難，不知先民為何選這樣一位自己都充滿苦難的人作為神來敬奉，深究起來，可以洞察民俗文化中一些有趣的意味。

除了灶神年畫，民間還流行灶君紙馬。古代家家戶戶都要買灶君馬，故而灶君馬成了最為暢銷的民間木版畫印刷品。現代人，特別是都市人，已經沒有人祭祀焚燒灶君馬了。

灶君馬即灶神像，也是木版年畫之一種，俗稱紙馬，刻印畫面是灶神形象。紙馬比年畫小，是作祭祀焚燒之用。

灶君以北京供奉的形式最多，從旗人貴族，到柴門貧民，從官府或工商業者，到異鄉流落京都的寒士，都有使用灶君馬的風俗。

這一風俗之衍變，已有千年之久，灶君馬印刻作坊遍及全國，遠至雲南的納西族、白族、彝族等少數民族地區，都有大小不同彩印或墨線灶君紙馬之圖像。

灶君馬的風行，與灶神的教育意義有關。相傳，灶神有兩個罐子，一是善罐，二是惡罐，做

灶神·楊家埠年畫

255

了好事還是壞事都記在罐裡,「惡貫滿盈」一詞即由此而來。今天看來,古人這種品德教育方法,滲透到每一天的每一頓飯中,仍然有借鑑價值。

民間灶神年畫,記錄了古人以灶神為財神的史料。如楊家埠年畫《灶神》、《灶君府》等,往往把灶神和財神同繪一圖,當地人以灶神稱之,問當地人誰為灶神誰為財神,他們也回答不出來。灶神年畫上刻畫有「利市仙官」、「招財童子」、「周元通寶」、「聚寶盆」、「人財兩旺」等,都說明了灶神的財神身份,或者說灶神和財神兩神已完全融為一體。

灶王府·武強年畫

15

鎮宅財神
鍾馗

鍾馗是中國古代民間年畫中的一位著名大神，有多重身份，可驅邪魔，也可斬鬼怪，祈福得福，盼子得子，求財得財，人們生活所需一應俱全。

　　儘管身份眾多，但人們最喜歡他的其中一個身份——賜福鎮宅財神。

　　鍾馗的專職是打鬼捉鬼，驅惡揚善，但作為中國古代著名門神之一，必須守衛家園，保護財富，因此順理成章地成為人們心目中的財神。

鍾馗文化和神話

　　鍾馗文化淵源於人類遠古時代，為黃帝首創。作為黃河和長江流域多部落領袖的黃帝，親率各部落頭領，集結於鐘山龍嶺，身披猛獸皮，頂戴鷹翎獸冠，帶領眾隸扮神獸，擊打磬石為鐘靈，手持利器，面目猙獰，黃金四目，揮戈楊盾，打鬼開路，驅惡揚善，擊鼓呼躁，以此袪鬼怪邪惡，保生靈平安。

　　這種「大儺之儀、圖騰崇拜」的歷史文化形式就是「鍾馗扶正袪邪」文化史源之一。

　　鍾馗神話歷代不衰，在唐朝鍾馗神話便盛極一時。

　　在《神異經‧東南荒經》裡，描述有一位名叫尺郭的惡鬼終結者，他捉鬼是為

驅邪逐魔鎮宅靈符‧桃花塢年畫

了吃飽肚子。傳說光是他的早餐就要吞下三千隻惡鬼，到了晚上還要吞下三百隻作夜宵。

　　在唐朝以前這幾位都是威風八面的捉鬼能手，但鍾馗的出現，令他們黯然失色。鍾馗為什麼能夠迅速走紅，成為人們信賴的捉鬼大神呢？這還要歸功於宋朝以來民間故事的成功塑造。

　　儺廟，是全國僅存幾座專祀鍾馗的廟宇之一，相傳始建於唐宋時期。

裡面鍾馗塑像與眾不同，他不是通常所見揮舞金鐧或寶劍的威猛形象，而是一派朝廷大員氣度。廟前戲台上常演不衰的劇目是《老爺升堂》，這裡的鍾馗有另外一個尊稱，名為判官老爺。

後世的鍾馗故事中，鍾馗不但保留了貌醜的特徵，他更是妖邪的煞星，並在性格上保持正氣凜然的特點。相貌奇醜，是鍾馗的一大標誌。

鍾馗故事系列中，鍾馗除了是斬鬼使者外，他更是正氣凜然、受民眾擁戴的神癨。《鍾馗全傳》中，玉帝安排殿前司薄總管幻化美女，色誘鍾馗，鍾馗便表現了金石不逾之操。

鍾馗有多種功能和身份，主要功能是「驅邪逐魔鎮宅靈符」，因為能鎮宅，

驅邪逐魔‧楊柳青年畫

而宅園是財富的匯聚地，所以鍾馗的功能之一是守衛財富，因而被人們當成鎮宅財神。

桃花塢年畫上，除了印有鍾馗的主要功能「驅邪逐魔鎮宅靈符」，還直接印有「生意興隆財源茂盛」、「招財進寶四季平安」字樣，這就點名了他擔任財神的身份。

鍾馗捉鬼源自唐

我們瞭解的鍾馗大多來自戲劇和民間傳說故事，其中最流行的故事是鍾馗與唐明皇的故事。唐明皇是個為後世老百姓留下許多話題的帝王，附在他名下的這個鍾馗捉鬼故事，自然也為一代代人所津津樂道。

民間傳說鍾馗是唐初終南山人，生得豹頭環眼，鐵面虬鬚，相貌奇醜；然而卻是個才華橫溢、滿腹經綸的風流人物，為人剛直，不懼邪祟。

在唐盧肇的《唐逸史》中，描述了這樣一個故事：開元年間（713—741），有一年唐明皇從驪山校場回宮，忽然得了重病，御醫們費盡心思，忙活了一個多月也不見轉機。一天深夜，唐明皇夢見一牛鼻子小鬼，身穿紅衣，一腳穿靴，一腳光著，靴子掛在腰間。這個小鬼偷偷盜走了楊貴妃的紫香囊和唐明皇的玉笛。

唐明皇見了大怒，大聲呵斥，正要派武士驅鬼。這時，突然出現一個大鬼，此鬼蓬髮虯髯，面目可怖，頭系角帶，身穿藍袍，皮革裹足，束角帶，袒露一臂，一伸手便抓住那個小鬼，剜出眼珠後一口吞了下去。

唐明皇駭極，忙問大鬼名諱，大鬼上前奏道：「臣是終南進士鍾馗，高祖武德年間，因赴長安應武舉不第，羞歸故里，觸殿前階石而死。幸蒙高祖賜綠袍葬之，遂銘感在心，死後成為鬼王，誓替大唐除盡天下惡鬼妖孽。」

唐明皇大夢醒來，霍然痊癒，於是召大畫家吳道子依夢中所見，畫張《鍾馗捉鬼圖》。圖畫好後，唐明皇瞪著眼睛著了半餉，說道：「莫不是先生跟我一塊做夢來著？畫的怎麼這樣像！」

唐明皇還在畫上批曰：「靈祇應夢，厥疾全瘳，烈士除妖，實須稱獎；因圖異狀，頒顯有司，歲暮驅除，可宜遍識，以祛邪魅，益靜妖氛。仍告天下，悉令知委。」

定重賞了吳道子，將此畫懸於後宰門，用以鎮妖驅邪。

有司奉旨，將吳道子《鍾馗捉鬼圖》鏤板印刷，廣頒天下，讓世人皆知鍾馗的神威。由於唐明皇的大力宣揚，鍾馗才得以確立了頭號打鬼門神的地位。

劉海戲金蟾・桃花塢年畫

財神，這樣拜就對了

北宋以來，幾乎所有的鍾馗故事都與此相類似，博物學家沈括所著《夢溪筆談‧補筆談》也有這一故事。

據沈括講，宋朝皇宮裡曾收藏有唐代著名畫家吳道子畫的一幅鍾馗圖，畫捲上有唐代人的題記，似寫於開元年間。題記的內容是：

鍾馗捉鬼‧桃花塢年畫

明皇開元講武驪山，歲翠華還宮，上不怪，因痁作，將逾月。巫醫殫伎，不能致良。忽一夕，夢二鬼，一大一小。其小者衣絳，犢鼻屨，一足跣，一足懸一屨，搢一大筦紙扇，竊太真紫香囊及上玉笛，繞殿而奔。其大者戴帽，衣藍裳，袒一臂，鞹雙足，乃捉其小者，刳其目，然後擘而啖之。上問大者曰：「爾何人也？」奏云：「臣鍾馗氏，即武舉不捷之士也。誓與陛下除天下之妖孽。」夢覺，痁若頓瘳，而體益壯。乃詔畫工吳道子，告之以夢，曰：「試為朕如夢圖之。」道子奉旨，恍若有睹，立筆圖訖以進。上瞠視久之，撫幾曰：「是卿與朕同夢耳，何肖若此哉！」道子進曰：「陛下憂勞宵旰，以衡石妨膳，而痁得犯之。果有蹠邪之物，以衛聖德。」因舞蹈，上千萬歲壽。上大悅，勞之百金，批曰：「靈祇應夢，厥疾全瘳，烈士除妖，實須稱獎。因圖異狀，頒顯有司。歲暮驅除，

鍾馗‧南通年畫

261

可宜遍識。以袪邪魅，兼靜妖氣。仍告天下，悉仿知委。」

　　這段話描述的故事與上述相仿，沈括還記載了當時皇宮中印製木版鍾馗畫和使用鍾馗畫的盛況：「熙寧五年，上令畫工摹搨鐫板，印賜兩府輔臣各一本。是歲除夜，遣入內供奉官梁楷就東西府給賜鐘道之象。」

　　由手工繪製發展到刻版印製，鍾馗畫需求量增大，當是一個原因。

　　在沈括《夢溪筆談》卷七，還詳細記載了北宋慶歷年間木刻鍾馗的一條材料：「慶歷中，有一術士姓李，多巧思。嘗木刻一『舞鍾馗』，高二三尺，右手持鐵簡，以香餌置鍾馗左手中。鼠緣手取食，則左手扼鼠，右手運簡斃之。以獻荊王，王館于門下。」

　　木刻鍾馗表現的是鍾馗捕鼠，可見這位捉鬼門神在當時已經走向了世俗。

鍾馗傳說質疑

　　那麼這個流傳了近千年的故事有多大真實性呢？參閱唐代的歷史文獻，在唐代的官方文獻中，都沒有關於鍾馗的這個人名，類似的考場冤案也沒有一字一句的記載，更沒有發現鍾馗夢中顯靈為唐明皇治病的故事。

　　更重要的是，考察科舉制度的發展歷史，唐明皇不可能主持殿試考試。因為殿試考試制度，是一百多年以後才由宋太祖趙匡胤一手創立。

　　在鍾馗俗信興盛未艾的熱流中，北宋沈括首先對唐玄宗夢鍾馗的故事提出質疑，《夢溪筆談・補筆談》卷三描述，宋仁宗皇祐年間（1049—

驅邪逐魔・楊柳青年畫

1054），金陵上元縣曾發現一處古塚，乃宋朝征西將軍宗愨母鄭夫人墓，由碑文可知，宗愨有妹名叫鍾馗。此外，後魏有李鍾馗，隋將有喬鍾馗、楊鍾馗。因知「鍾馗之名，從來亦遠矣，非起自開元之時」。

如此說來，鍾馗其人以及他死後成神的故事很可能是宋朝以後才被虛構出來的。但這個故事至少有一處是真實的，那就是在唐明皇時代，鍾馗已經是聲名顯赫的捉鬼大神，甚至有人估計鍾馗故事的起源可能早於唐代。

較早提及鍾馗的史料，大約是唐玄宗時期的一位宰相張說的《謝賜鍾馗及曆日表》，這是一首唐詩，見於

驅邪逐魔．楊柳青年畫

《全唐詩》。詩中說，感謝皇上賜給自己的鍾馗神像和曆日表，其中寫道：「中使至，奉宣聖旨，賜臣畫鍾馗一，及新曆日一軸者……屏祛群厲，繢神像以無邪。」

繢，作畫也，繪神像用來驅邪，指的即是鍾馗。唐代劉禹錫也曾做過類似文章。可見，唐時歲末以鍾馗圖和曆書賜給大臣，形成慣例。

由這些唐人文字不難看出，作為神，鍾馗在唐朝時已是聲名赫赫，張掛鍾馗神像成為上層社會流行的年俗。

鍾馗的身份

鍾馗是中國民間俗神信仰中最為人們熟悉的角色，鍾馗主要是打鬼的門神身份，同時也是守宅的財神。此外，他還有多種身份，主要有如下幾種：

一、驅魔大臣

民間認為，鍾馗是降妖斬鬼的驅魔大臣。貼於門戶是鎮鬼驅邪的門

神，懸在中堂是禳災祛魅的靈符，出現於儺儀中是統鬼斬妖的猛將，由此派生出形形色色的鍾馗戲、鍾馗圖。連《本草綱目》裡，也收錄用鍾馗像燒灰以水沖服或配和其他藥製成丸以治療難產、瘧疾等症的「秘方」。

二、判官

鍾馗在人們心目中，為吉祥神靈，稱作神馗，專捉鬼怪妖魔，除暴安良，又稱「神判」。

鍾馗的判官身份源於何時已無從考證，從文獻記載來看，早在北宋中後期就已出現。那麼，鍾馗又是怎樣成為判官的呢？

民間故事的解釋是這樣的：鍾馗蒙受的冤屈感動了玉皇大帝，本來鍾馗死後也和所有人一樣，要去陰曹地府經受煎熬，被閻王爺管轄。但玉皇大帝非常同情鍾馗的冤情，於是大發慈悲。速派使者通報下界，一路放行不得刁難。玉帝似乎對鍾馗剛烈不屈的性格非常讚賞，還有意委以重任。在黃泉路上，鍾馗接到一紙聘書，被玉帝任命為陰陽兩界的判官。

這判官職務，並非無中生有。在人間朝廷官場，判官也是實力派人物。北宋官制系統中，判官協助三司使工作。三司使是政府的最高財政長官，總持國家財政大權，地位僅低於宰相，那麼協助他工作的判官自然也是官場的實力派人物。

由於判官財權在握，極易產生貪污腐敗現象，所以歷來都是選擇德高望重，鐵面無私的官員擔任，北宋著名的清官包拯就曾擔任判官一職。

考察鍾馗早期形象的變遷，我們發現一個有趣的現象，那就是鍾馗形象所具有的兩重性。他既有儒雅、莊重的傳統文人品格，也有詼諧風趣的世俗一面。

在北宋《大儺圖》中，宮廷畫家

鍾馗·武強年畫

財神，這樣拜就對了

為當時鍾馗立此存照。他面帶花哨的面具，載歌載舞，整個場面充滿節日娛樂喜慶氣氛，全然沒有一位斬鬼判官的威嚴氣度。

而在南宋水陸畫《三官出巡圖・地官》中，迎接地官大駕光臨的景象，鍾馗位於圖畫的下方，比地官的地位要低很多。

三、斬五毒的天師

在明朝版本的鍾馗故事裡，一改過去文藝作品中天生醜陋的說法。故事說鍾馗本是英俊瀟灑、風流倜儻的書生，趕考路上被五隻搗亂的小鬼毀壞面容。鍾馗含冤而死，成為捉鬼的神以後馬上收服了這五隻小鬼。

後來五鬼進一步演化成為五毒，又使鍾馗擔當起另一種全新職能，成為斬五毒的天師。其實原來專職斬五毒的神，另有其人，是張天師，天師道創始人張道陵的神化形象。明清以來隨著鍾馗故事的傳揚，尤其是和五隻小鬼的一段恩恩怨怨廣為人知，鍾馗漸漸取代了張天師，然後又與張天師形象相融合，成為端午節裡最受歡迎的明星——斬五毒的天師鍾馗。

這五隻小鬼再也無法逃脫鍾馗老爺警惕的目光，後來他們又變形為五隻小蝙蝠——寓意福在眼前，或者恨福來遲。這五鬼變成的五福就更有說法了，《尚書・洪範》解釋五福的具體內容是：「一曰壽，二曰富，三曰康寧，四曰攸好德，五曰考終命。」

古代畫家的鍾馗畫

比起門神，古今文人畫鍾馗者更多些，這些鍾馗形象要比神荼、鬱壘豐富，並非只是在那裡持械站崗，畫幅上的題詩因此豐富多樣，勝出題詠神荼、鬱壘的詩篇。

鍾馗・桃花塢年畫

鍾馗祛邪神威圖歷經唐、宋、元、明、清各個朝代。宋元祐元年間，黃淮流域一批水平較高的鍾馗畫家沿黃淮作畫，各路神筆潑墨，各顯鍾馗精靈，出現鍾馗畫文化盛世，形成鍾馗畫藝術中心。

較早的鍾馗畫傑作見於唐末宋初。清初大畫家高其佩作於雍正六年的《鍾馗圖》，據題跋記載，乃源於「宋初李遠登潼山，奉神命為鍾公圖像，一日，遠醉臥敗寺中，聞數人問答云：『潼不可往，有爺爺在。』」

北宋楊裴所畫鍾馗，深得吳道子大師之法，影響中原。

南宋淮陰畫家龔開，作畫鍾馗，筆墨酬和、形象怪誕、妙趣橫生，風格奇特。

鍾馗・桃花塢年畫

宋末畫家龔開畫的《中山出遊圖》，鍾馗和小妹坐在轎上，四周二十餘鬼奴均是元兵服飾，從中不難看出作者龔開的抗元意圖，其本人在宋亡後也終身未仕。

明代畫家戴進的《鍾馗夜遊圖》，畫得寒山衰草、淒迷蕭瑟，鍾馗憂憤抑鬱，面容憔悴，但仍強支病體，夜出捉鬼，從畫中不難看出畫家的心志和情思。

戴進是明代「浙派」畫家之首，詔入畫院，因才高屢遭嫉妒，致使放歸鄉里，潦倒終生。

明代朱見深《歲朝佳兆圖》畫鍾馗手持如意，攜一小鬼，小鬼雙手舉盤子，盤內有柏葉與柿子，以寓百事如意。其上題詩：「一脈春回暖氣隨，風雲萬里值明時，畫圖今日來佳兆，如意年年百事宜。」闢邪似已讓位於祈祥。

財神，這樣拜就對了

清初，大畫家高其佩出任宿州，揮墨神馗。鍾馗形象具有勇猛剽悍，精獷雄強，面目猙獰的神威。集遠古神義的《中華馗園聖景圖》之鍾馗聖像，是古代「大儺之儀」神獸符號形體的繼承，是「圖騰崇拜」首領面具的再現，與古代袪邪文化保持一脈相通的內涵。

高其佩是歷代鍾馗畫像作家中有突出地位的畫家。他平生作鍾馗像多種，如《鍾馗怒容圖》、《鍾馗變相畫冊》中的十二幅鍾馗圖像等，從

鍾馗鎮宅‧朱仙鎮年畫

不同的角度，刻劃了鍾馗發怒、看劍、罷宴、騎鬼、降魔、讀書、瞌睡等各種形貌和有趣的意態，顯示了畫家的豐富想像力和獨特藝術手段。

其中作於雍正六年的《鍾馗圖》，是高其佩的晚年之作。畫面所作鍾馗，頭戴烏紗帽，身披大袍服，足蹬黑朝靴，滿臉絡腮鬍，攏袖獨立，目光炯炯，威毅中顯平和，悅色中露怪奇，大有威鎮邪惡，氣吞萬夫的神力，其神情形貌，生動畢肖。

為了突出鍾馗的威嚴神色，畫家沒有放過臉部的細膩描繪：咧嘴鷹鼻，似笑且厲，雙目眯視，神光銳利，特別是飛蓬的鬚髮，更顯示出鍾馗力挽狂瀾的勇猛精神。誠如題詩所云：「由來神像許人圖，丹筆尤因高士殊；余也敢云畫靈異，爺爺在在每聞呼。」

一幀鍾馗畫像，令人神魂顛倒地驚呼「爺爺在」，其威懾力量可想而知。

高其佩的指畫鍾馗，在題詩上開玩笑：「花妍野冢中，草鳴昏月下，若但醒眼看，非善除妖者。」對鍾馗能否捉鬼提出了質疑。這大約是借題發揮，意在言外。

清人黃慎的《鍾馗圖》把兀兀孑立的鍾馗畫在荒郊野外，神態蒼茫。聯想到他在《行路難》中的表示就不難理解此畫的含義了：「我欲推倒

南山化為肉，傾盡東海灌漏口，大鋪天下謝寒士，千載之下聲馳名。」（見《蛟湖詩鈔》）自己衣食無定，卻能想著「大鋪天下」，無怪乎畫家筆下的鍾馗總是畫得那樣富於情思了。

揚州八怪的羅聘，生活在「商人重在錢，寒士大覺賤」的社會，親眼目睹了江南農村「賣人不及牛身值」、「人牛餓死爭早遲」的悲慘景象，深覺鍾馗也無力回天。他在《鬼趣圖》中題云：「餓鬼啾啾啼鬼窟，不及豪家廝養卒；鬼中諸趣妙難尋，人生苦海自浮。」

羅聘天生碧眼，詭稱能白日見鬼，但其實本人並不信鬼神，只不過是借鬼抒情而已，當時就被號稱天下第一才子的紀曉嵐識破，難怪魯迅先生也覺得羅聘的《鬼趣圖》「太離開了人間」。

海派名家任頤，其大作《鍾馗》神像，成為他一生中的傳世名畫。任頤在朱色鍾馗上題詩直抒胸懷：「少小名驚翰墨場，讀書無用且佯狂。我今欲借先生劍，地黑天昏一吐光。」

清代齊周華在《名山藏畫副本·鍾馗像贊》中讚道：「由吳道子畫能通神也。」清乾隆年間《靈璧志略》稱「日歲可售數萬紙」、「畫工衣食於斯」。記載當時鍾馗畫店林立，畫商如雲，鍾馗畫為歲除必備之物暢銷朝野民間，廣傳中外之盛況。

清末大畫家錢慧安畫《有錢能使鬼推磨》、《鍾馗殺鬼圖》、《鍾馗役鬼圖》、《鍾馗嫁妹圖》等作品中的小鬼多是西裝革履或洋人軍服，形象也多是高鼻子卷頭髮的洋相，以發洩對形形色色入侵中國的洋鬼子之無比仇恨和憤慨。

清朝末年，廣東石灣著名的陶塑精品中，有陶瓷鍾馗遍及城鄉。

鎮宅神判·鳳翔年畫

靈璧被譽為鍾馗畫之鄉，靈璧鐘馗畫於公元 1915 年參加「巴拿馬萬國博覽會」榮獲金獎，蜚聲海外。1990 年 5 月，在新加坡舉辦的「中國民間美術佳品及名藝人作品展」和 1999 年在美國舉辦的「第十一屆國際美術大賽」作品中，鍾馗神義巨像再次名揚國際文化藝壇進入世界文化之林。鍾馗被人間崇頌為正義之神，相鄰諸國和東南亞各國尤為崇頌。

鍾馗成了各種漫想的載體，清人錢慧安畫鍾馗騎驢圖，題詩：「終南進士學宏深，呼鬼隨行擔劍琴，因是無人聽古調，跨驢何處覓知音。」醉酒的鍾馗此次換了形象，一副儒雅模樣。

鎮宅神判‧鳳翔年畫

歷代文人墨客或借鍾馗「顧影自憐」抒發情感；或「借屍還魂」演義故事；或「借題發揮」表明心志。鍾馗的形象也就變得光怪陸離、五彩繽紛起來：可坐轎、可騎驢；可掌劍、可執笏；可紅袍、可綠袍；可文可武，可醜可俊。

近代大畫家徐悲鴻筆下的鍾馗清瘦嶙峋、神情矍鑠，傳承神馗雄風，是因為一生奔波，身心勞苦所致。

而張大千筆下的鍾馗卻是神態安詳，這和他久居海外、遍游名山、超然物外的心態有關。

白石老人長期生活在民間，筆下的鍾馗自然粗獷簡括、淳樸自然了。

當代漫畫家方成筆下的鍾馗一身官服，衣衫不整昏睡在酒罈旁，意在諷刺不理民事、醉生夢死的腐敗官員，充分反映了老百姓的心聲。

方成還畫過一幅鍾馗圖：鍾馗靴帽整齊，雙手袖於袍內，以石為枕，

臥眠於地，並題五言詩道：「春眠不覺曉，鼾聲驚飛鳥。人間鬼太多，鍾馗累壞了。」

啟功的《題鍾馗騎驢小景》，寫得風趣而富有時代感，諷喻極為深邃。

北京青年畫家周旭畫了一本鍾馗專輯，畫集內的鍾馗極為傳神並得到不少開國元勛的共鳴—「此公不可少」。

鍾馗題材的畫從五代以來常畫常新、久畫不衰。與其說鍾馗是人們心目中崇拜的神，不如說是人們心目中崇拜的人。雖已是家喻戶曉，但並無自家的廟宇和固定的金身。

縱觀鍾馗文化，濃縮了上至帝王將相下到黎民百姓的豐富想像和情趣，各種文學藝術形式，如小說、戲曲、電影、舞蹈、木刻、年畫、剪紙、雕刻、泥塑、面塑等都有鍾馗的形象出現。

鍾馗年畫

唐宋以來，每年歲末，鍾馗年畫都要懸於門。宋代《東京夢華錄》記「近歲節，市市井皆印賣門神、鍾馗、桃板、桃符」，這些都是新年懸於門上，用來闢邪的。

到了清代，鍾馗年畫在端午節也

鍾馗・鳳翔年畫

鍾馗・鳳翔年畫

財神，這樣拜就對了

派上了用場，如《燕京歲時記》：「每至端陽，市肆間用尺幅黃紙，蓋以朱印，或繪畫天師、鍾馗之像，或繪畫五毒符咒之形，懸而售之。都人士爭相購買，粘之於中門，以辟祟惡。」

當然，新年始終是鍾馗年畫暢銷的時候。康熙五十八年刻本《汾陽縣志》記呂梁一帶年俗：「圖鍾馗像懸門，以除虛耗。」這位捉鬼驅祟的門神，於歲暮迎新之際走上千家萬戶的門上。

近代河南朱仙鎮年畫《馗頭》，畫面是鍾馗頭部的特寫，形象威厲而不恐怖，一手握毛筆，一手持紙卷，上有「新年大吉」字樣。

各個年畫產地幾乎都有鍾馗題材的年畫。在安徽省靈璧縣，自古以鍾馗畫聞名，經營此道的書畫店擠滿整條街道。每年有近萬張鍾馗畫像，從這裡流向全國，直至異國他鄉。

翻開清初編修的《靈璧縣志》可看到，明清之際，這個數字還要加上兩倍，達數萬張之多。在其他年畫產地，鍾馗像也是最受歡迎的一個品項。這表明，人們的確非常信賴鍾馗的捉鬼神力。

鍾馗‧武強年畫

鍾馗‧開封年畫

271

關於鬼神圖案的繪畫藝術早已有之。從半坡村出土陶盆上的圖案來看，鬼神繪畫藝術的出現可以上溯到新石器時代，也就是距今七千年以前。

早期專職捉鬼的神明出現在西漢時期的畫像磚上，那時的捉鬼專家是神荼和鬱壘。漢代神話故事中，他們是親兄弟，素以勇猛著稱。在兩漢時期的畫像磚裡，經常可以看到他們的形象，神荼和鬱壘兩兄弟可說是資格最老的捉鬼專家。

引福歸堂．佛山年畫

明清以來鍾馗畫祈求賜福成分增加。明朝朱見深所作的《歲朝佳兆圖》，鍾馗捧著如意，帶領小鬼匆匆趕路。小鬼手中托盤裡盛滿柏葉柿子，上空有蝙蝠，寓意百事（柏柿）如意，福自天來。

楊柳青鍾馗門神畫，是典型的武判樣式。鍾馗揮舞寶劍做出種種威武姿態，四周襯滿流雲、八寶、雙喜等圖案，活潑中帶有吉祥寓意。

蘇州桃花塢門神中有風度瀟灑的騎驢鍾馗，侍從小鬼撐破傘相隨，他手執牙笏目視前方空中飛舞的蝙蝠或吊繫的蜘蛛，象徵福自天來、喜從天降，洋溢著喜慶色彩。北京更有畫店別出心裁，去除鍾馗手中的武器，增添了一枚超大銅錢，謂之托錢判。

老北京讀判官後面加兒話音，稱

引福歸堂．佛山年畫

判官兒，或簡稱判兒。於是又有人把鍾馗懷裡的大銅錢換成了胖娃娃者，寓意盼子得子。

　　古代民間造神的實用功利性，正是體現在民間風俗上，那就是張貼門神鍾馗畫。古代民居張掛鍾馗像大門首當其衝，成對的張貼在兩扇門板，單幅的貼在門的正上方，防止惡鬼上門騷擾。有的民居院落，進門之後還見不到主人的房間，用這座牆來隔開。鍾馗經常出現的另一個位置就在這裡。

　　因為人們對鬼有這樣一種認識：認為鬼只能走直線，所以即便是不小心讓鬼溜進門來，也會被鍾馗老爺抓個正著。鍾馗像貼在這裡還帶來另一個便利：因為在這裡方便安置香爐紅燭。人們指望鍾馗盡心盡力地看家護院。

鍾馗·高密年畫

鍾馗畫中的蝙蝠

鍾馗畫的常用構圖題材是蝙蝠。這裡的蝙蝠有兩種寓意：一是代表鬼魅妖孽，二是代表福在眼前。有趣的是，兩種完全對立的寓意，在這裡形成矛盾的統一。

從形象對比上，以比例極小的蝙蝠代表變異的鬼魅妖孽，以顯示鍾馗的威力之大。這種樸實直率的藝術思想和藝術技巧，與大眾純樸的審美思想相吻合，滿足了人民大眾在心理上和視覺上的審美需要。

為何鍾馗畫上常見到蝙蝠呢？清代《歷代神仙通鑑》說，道士葉法善對唐玄

鍾馗捉鬼・楊家埠年畫

宗講，混沌初分，有黑白二蝙蝠，黑蝙蝠化為鍾馗，白蝙蝠化為八仙之一張果老。硬是把鍾馗故事掛靠到開天闢地的神話時代。

不過，人們注重的並不是蝙蝠化鍾馗，而是「蝠」即福。畫面一隻蝙蝠，那畫即可叫「福自天來」，可叫「降福消災」。

楊柳青傳統版畫的鍾馗圖，如《福在眼前》、《恨福來遲》等，皆繪大紅蝙蝠，取意在於「洪福」。

桃花塢年畫《驅邪降福》，鍾馗左手揮劍過頭，肩頭一隻蝙蝠翻飛。這是鍾馗圖案中使用最多的圖案式樣。

陝西鳳翔傳統門畫《鍾馗》，執劍鍾馗單足立地，身旁蝙蝠翻飛。

鍾馗故事富有傳奇色彩，嫁妹、迎蝠如出一轍。《斬鬼傳》的故事

說，鍾馗被封為驅魔之神，在奈何橋遇到一小鬼，自稱本是鼴鼠，飲奈何水生翅化為蝙蝠，最曉惡鬼藏身處，情願當嚮導。

《平鬼傳》則說，鍾馗本與神荼、鬱壘一起捉鬼，後來，神荼化為蝙蝠，鬱壘化為寶劍。這類續編的故事，雖然增添話題，但古人講更多的是嫁走了魅，迎來了福。

民間懸掛鍾馗圖，原來都在除夕，後來在端午節也畫鍾馗，或贈人，或自掛。這種改變源於乾隆二十二年，那年因瘟疫死了不少人，在無可奈何的情況下，只好將鍾馗請出來施威捉鬼，此後逐年相沿成俗。

16

福德財神
土地爺

土地神也稱之為福德正神、土地財神或大伯公，有五個手下，為五路財神，分派東南西北中。為了掌理各區、各地老百姓的財利及福澤，土地財神不管你正、邪、富、貧，一切為你儘量爭取，也替你掌理財庫，使之不易失去。

　　在古代民間，土地神是最普遍供奉的神祇之一，職級較低，他是殿觀、墓園、山林、城鄉、村社、店舖、住宅等局部地區的守護神（縣級以下的官員），其職能是保護本區生靈的安全和財產，並管治陰間的鬼魂，故對於社區民生的影響力較大。

　　中國最多的廟是土地廟，如果說關帝廟是村村都有，那麼土地廟不僅村村都有，而且每個村往往有好幾個，人們供奉他，祈求財源滾滾，稱心如意，衣食無缺，福澤無恙，貴人多遇等。可見，土地神可謂職小權廣。

福德財神的來歷

　　土地神較正規的稱呼則是「福德正神」、「福德財神」、「福德爺」等，也稱為社神、土地、土神、土地主、土地公、土地公公、土地爺、土地正神、土地財神、后土、土正、社公、土伯，而其配偶則稱土地婆、土地娘娘、土地奶奶等。土地神的名稱眾多，說明了土地神在中國民間信仰中的流行程度。

　　古代農業社會人民以五穀視為土地所育，所以百姓所賺來的錢叫「土地錢」，而土地神是地方的護土神，其功

土地祠・鳳翔年畫

能造福鄉里，施德百姓，故又稱「福德正神」或「福德財神」。所以，祀奉土地神的多為財德貴人。

　　相傳，凡是有福德義行而對鄉里有貢獻的人，死後會被封為福德神，

其恭奉之所稱為福德宮、福德祠、福德廟等。

　　每位任職的土地神都是有限任期的，任期則要視乎每位土地神的生前功德及在任期間的效應程度而定。

　　土地神崇拜源自我國古代對土地的崇拜。以前為天子諸侯祭拜的「社稷」，「社」就是土神，「稷」就是穀神。

　　土地神在道教神系中地位較低，但在民間信仰極為普遍，作為民間信仰中的地方保護神，是民間信仰最為普遍的眾神之一，流行於漢族地區及部分受漢族文化影響的少數民族也有信仰，舊時凡有人群居住的地方就有祀奉土地神的現象存在。

土地正神・灘頭紙馬

　　在傳統中國文化中，祭祀土地神即祭祀大地，有祈福、保平安、保收成、保財富之意，因而土地神帶有更多自然屬性。

為何土地神叫社神

　　大地生長草木五穀，養育人類，故被視為無窮力量的神靈。

　　土地神叫「社神」由來已久，何為社？《春秋公羊傳注疏》曰：「社者，土地之主。」

　　漢應劭《風俗通史・祀典》：「社者、土地之主，土地廣博，不可徧敬，以為社而祀之，報功也。」

　　清翟灝《通俗編・神鬼》：「今凡社神俱呼土地。」

　　對社的表述不同，但意思都是土地

土地神夫婦・夾江年畫

之主。東漢時稱社神為社公或土地，後來稱土地者更多。

傳說中的社神有兩個：一是「句龍」（亦作「勾龍」），一是「禹」。傳說禹勤勞天下，死後托祀於后土之神。

在古代，社的寓意比較廣泛，社是地方最小的行政單位，有多小？其範圍概念也是不斷演變的。

有時，小到百家為社。漢鄭康成《禮記注疏》卷四十六稱：「大夫以下，謂包士、庶。成群聚而居，其群眾滿百家以上，得立社。」

有時，小到二十五家為社。薛瓚的《漢書集注》稱「舊制二十五家為一社」，周朝之後，以二十五家為一社。

由此也可知，為何中國有如此多的土地廟，幾乎村村都有，因為土地神源於古代的「社神」，是管理一小塊地面的神。古人尊天而親地，「土地廣博，不可徧敬，以為社而祀之，報功也」。

可見，中國古代就有為報答大地之恩賜而奉土祭社的禮俗，每社建立社壇一所，祀奉本方土地神，這就是最早期的土地神廟。

社神初無姓名，東晉以後，民間以生前行善或廉正之官吏為土地神，遂有人格及姓氏。道經《道要靈祇神鬼品經》的《社神品》曾引用《老子天地鬼神目錄》稱：「京師社神，天之正臣，左陰右陽，姓黃名崇。本揚州九江歷陽人也。秩萬石，主天下名山大神，社皆臣從之。」

社有不同的等級和規模。據《禮記·祭法》載：「王為群姓立社，曰大社。王自為立社，曰王社。諸侯為百姓立社，曰國社。諸侯自立社，曰侯社。大夫以下，成群立社曰置社。」可見當時祭祀土地神已有等級之分。

所謂土地神就是社神，其起源是來自對大地的敬畏與感恩。民間紙馬中還有社稷神，社和稷原來分別是土神、穀神，後來逐漸人格化，成了人格神土地爺。

土地正神·灘頭紙馬

土地‧彌渡紙馬

山神土地‧彌渡紙馬

后土‧彌渡紙馬

土地神與后土

　　土地神還有一個名字叫「后土」，通常在郊野及墓地稱為后土。為何土地神叫后土呢？

　　這是因為中國自古就有土地崇拜，土地載萬物，又生養萬物，長五穀以養育百姓，因此稱土地神為后土。

　　《說文解字》：「社，地主也。」顧名思義，社就是土地的主人，社祭就是對大地的祭祀，又有后土之說。

　　估計后土是厚土之誤，厚厚的土地代表了肥沃，可以繁衍萬物。

　　相傳，后土乃九州島的執掌神明，據《左傳》、《禮記》等記載，土神即句龍，乃炎帝神農氏十一世孫共工氏之子。《禮記‧祭法》：「共工氏之霸九州也，其子曰後土，能平九州，故祀以為社。」

　　后土平定九州島，能管理有關土地事宜，便做了土地官，死後封上公，祀奉為后土神。

　　漢武帝時將「后土皇地祇」奉為總司土地的最高神，各地仍祀本處土地神。這樣看來，土地神其實是后土神屬下的某一小地方土神。

　　關於后土，有一種民間說法：人死後頭七日，后土神遣派屬下境主的土地神，執招魂幡引領亡魂入地獄接受閻王或城隍的審判。若生前有修行、積德、行善的人，可有成仙成神的果報或輪迴人間享受富貴；若生前作惡多端，則要入地獄受刑罰，以還在世的孽債，當刑滿後才能輪迴轉世。

　　關於后土有一個傳說：在秦朝，秦始皇徵用天下壯丁來修築長城。

孟姜女的丈夫被調去築城，孟姜女思夫情深，長途跋涉、萬里尋夫，好不容易到了長城卻得知丈夫已死，因此悲痛萬分，哭倒了萬里長城。

孟姜女看到露出的許多白骨，卻不知哪些是自己丈夫的骨頭。一個老先生對她說：「你把食指咬破，把血滴在白骨上，染上血的就是你先生的骨骸。」

孟姜女用這個方法，果然找到丈夫的白骨。當孟姜女抱著骨骸返鄉，居然漸漸生出皮肉，似乎要死而復生。

老人怕死者死而復生有違天命，於是教孟姜女說：「抱著骨頭不方便，把他裝載在袋子裡背著走。」

孟姜女照他說的做了，結果很快遺骨恢復散狀，她很不高興，責怪老人。

老人因此答應她，要為她死去的丈夫守護墓土。

原來，這個老人就是善良的土地神，而這個傳說就是墓地前必有「后土」的由來。

土地神實有其人

土地神到底是傳說中虛擬的神？還是實有其人？

根據典籍記載，土地神是歷史上的真人演變而來。最早被稱為土地神的是漢代蔣子文。《搜神記》卷五記載：

> 蔣子文者，廣陵人也……漢末，為秣陵尉，逐賊至鍾山下，賊擊傷額，因解綬縛之，有頃遂死。及吳先主之初，其故吏見文於道，乘白馬，執白羽，侍從如平生。見者驚走。文追之，謂曰：「我當為此土地神，以福爾下民。爾可宣告百姓，為我立祠。不爾，將有大咎。」……於是使使者封子文為中都侯……為立廟堂。轉號鍾山為蔣山。

此後，各地土地神由對當地有功者死後任命。

各地均有土地神，明清以後民間又多以名人作為各方土地。清趙翼《陔餘叢考》卷三十五記載，沈約之父為湖州烏鎮普靜寺土地神，而岳

飛為臨安太學土地神。

杭州太學一帶，本是岳飛故鄉，故奉其為臨安太學土地神。

此外，清代翰林院及吏部所祀之土地神，傳為唐代大文人韓愈。

趙翼在《名山縣志》中描寫的土地神名稱眾多，其中有花園土地，有青苗土地，還有長生土地（家堂所祀）、廟神土地等。

土地神的來源

關於土地神的來源和出處有多種說法與傳說。

傳說周朝一位官吏張福德，生於周武王二年二月二日，自小聰穎至孝，三十六歲時，官朝廷總稅官，為官廉正，勤政愛民。

張福德至周穆王三年辭世，享年七十二歲，有一貧戶以四大石圍成石屋奉祀，不久，由貧轉富，百姓咸信神恩保佑，乃合資建廟並塑金身膜拜，取其名而尊為「福德正神」。

後來敬拜的人多為生意人和有錢人，這些有錢人修廟祀之，他們祭祀的目的多為求財，故稱其為「福德財神」，常祀可以求得生意發展和發財致富。

關於張福德的傳說，還有一個版本，這個版本中，張福德成了張明德。

土地正神・南通年畫

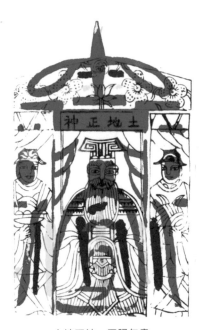

土地正神・平陽年畫

傳說周朝上大夫的家僕張明德，因主人遠赴他地就官，留下家中幼女，張明德遂帶女尋父，然途遇風雪，脫衣護主，因而凍死途中。

臨終時，空中出現「南天門大仙福德正神」九字，蓋為忠僕之封號。

上大夫念其忠誠，建廟奉祀。周武王感動之餘說：「似此之心可謂大夫也。」故土地公有戴宰相帽者。

在一般民間信仰中，神明多半會有明確的出身，但土地神的來歷卻並不明確。或許是因為土地神最為普遍的緣故，各地各村都有，而眾說紛紜，傳說不一，反而來歷說不清。

土地堂・平陽年畫

土地神的傳說

傳說最早的土地神就是土地，當時還無神像。

起初人格化的土地神是句龍，後為土地神。土地神原為女性，故曰地母，後來又有男女兩性，稱土公、土母，土地爺、土地奶奶，還有了土地廟。

民間流行的「土地娶婦」，也是一種社祭之禮。在《水滸傳》中說到有一幅「土神祛水怪」，描述土地神協助起義軍征戰的情形，說明土地神在民間有深厚的基礎。

江蘇、安徽有盛大祭祀土地神的土地會，有的地方還敬穀神。

吉林民間傳說：古代有一位婦女叫谷慧，生孩子時期只有高粱米充飢，因此而亡。

後來，在她的墳堆上，長出兩株穀子，她託夢讓丈夫種穀子，才有了穀子磨成的小米，谷慧也就成了穀神。

有時，土地神旁邊有土地婆陪祀，說到這個土地婆，民間還有一個

傳說：玉皇大帝委派土地神下凡時，問他有什麼抱負，土地神說希望世上的人個個都變得有錢，人人過得快樂。

土地婆卻反對，她認為世間的人應該有富有貧，才能分工合作發揮社會功能。

土地公質疑說：「這樣一來，貧窮的人不是太可憐了嗎？」

土地婆反駁說：「如果大家都變有錢人，以後我們女兒出嫁，誰來幫忙抬轎子呢？」

土地公無話可說，也因此打消這「均貧富」的念頭。於是，世間才有今天的貧富懸殊差別。

世人覺得土地婆自私自利，是一個惡婆，不肯供奉她，卻對土地公推崇備至。因此，大多數時候，土地神是一個人，這和灶神常常為夫妻兩人有所不同。

民間傳說中，有德之人死後，可被上帝封為土地神。如蒲松齡《聊齋志異》書中，就有一位溺死於河中的「王六郎」鬼魂，頗有慈愛之心，不忍以一位抱著嬰兒的婦女為替身，被上帝任命為山東招遠烏鎮的土地神。

土地神的職責

土地神屬於基層的神明，人們認為土地公為地方行政神，保護鄉土安寧平靜。也有專家學者認為其屬於城隍之下，掌管鄉里死者的戶籍，是地府的行政神。

在中國所有神明中，地位最低下的似乎就是土地神，與那些能呼風喚雨的大神相比，他們最多只不過是一個七品芝麻官，或者只是一個小科長、小村長，甚至只不過是街道和鄉里的辦事員，和小吏、雜役差不多。

土公土母‧下關紙馬

儘管土地神的地位低賤，但他們在民間受歡迎的程度卻無限高，這是因為似乎他才是幹實事、真正為老百姓謀福利者，小小肩上承擔著重大的責任，並熱心做好事，助人為樂。

具體而言，土地神有如下職責。

一、生養萬物

土地載萬物，又生養萬物，長五穀以養育百姓，此乃中國人所以親土地而奉祀土地的原因。《太平御覽》引《禮記外傳》稱「國以民為本，人以食為天，故建國君民，先命立社。地廣穀多，不可遍祭，故于國城之內立壇祭之」。

土地・騰沖紙馬

二、管理本鄉

自東晉以後，隨著封建國家從中央到基層的官僚制度逐漸完善，土地神也演變成為在道教神階中只能管理本鄉本土的最低級小神。東晉的《搜神記》卷五稱廣陵人蔣子文因追賊而死。東吳孫權掌權後，蔣子文顯靈於道說：「我當為此土地神，以福爾下民。」

這裡所指的福爾下民，就是指保佑本鄉本土家宅平安，添丁進口，六畜興旺，並且為人公道。中國南方土地廟常有對聯稱：「公公做事公平，婆婆苦口婆心。」

三、地府行政

漢族許多地區的習俗，每個人出生都有「廟王土地」—即所屬的土地廟，類似於每個人的籍貫。人去世之後，道士做超度儀式（即做道場）時，

土地祠・鳳翔年畫

都會去其所屬土地廟作祭祀活動。或者是新死之人的家屬，到土地神廟，稟告死者姓名生辰等資料，以求土地神為死者引路。

閩南、台灣人則認為，土地神可以保佑農業收成，也可以保佑生意人經商順利，旅客旅途平安，甚至還保護墳墓，不受邪魔的侵擾。

土地神是功能性極強的神明，一般來說，土地神為地方之守護神祇，為一鄉一里之神。

財神與土地神

儘管土地神本身也是財神，但他不是專職財神，不過，專職財神與土地神關係很好，經常往來。民間傳說，財神與土地神有很多故事，其中一個故事是這樣的：

土地神終日為善男信女排憂解難，忙得不可開交。一日，偶得清閒，出來長吁了一口氣，就在此時，看見天上有財神座下的散財童子正在往人間散放金銀元寶。

土地神仔細觀看，卻見那金銀元寶都落向財主、富人家裡，普通人家特別是窮人家一個都沒份兒。他看在眼裡，惱在心裡，想到一切都是財神的過失。於是施展法術，飛上天界去找財神理論，財神有嫌貧愛富之嫌。

土地神來到財神座前，把自己所見所想一股腦倒給了財神，一腔怨氣甚是不快。財神聽後開口大笑：「哈哈，原來如此！」又道：「土地別急，跟我來。」

財神領土地來到南天門，叫土地專心向人間俯瞰，並從懷中掏出一錠銀元寶，拋向下界。只見那錠銀元寶從空中徐徐落下，正好落到一條大路中央。不一會兒，從遠處走來一群運送貨物的車伕，每人推一輛車。

當他們快到那元寶所在地時，突然其中一人大聲叫道：「夥計們，我們把眼睛都閉起來，看看哪位跑的快！」其他人大聲應和：「好啊！」於是這群車伕架著車子，閉著雙眼，向前狂奔起來。

其中一人的車　轆正好碾在那元寶上，把車子顛起老高，他也不睜眼瞧，而是大叫一聲：「好大的一塊石頭啊！」

土地神看得心裡急：他們幹嗎不睜著眼呢？

然後，財神又將那錠元寶埋在路旁的一棵大樹下。稍過一會兒，只見一穿著華麗的男子騎著高頭大馬急馳而來，奔至大樹旁，勒馬停住，快速下馬，將馬拴到樹上，到背人處解手去了。

但見那馬一個勁地用腳刨地上的土，不一會兒，便把財神埋在土裡的元寶刨了出來。那男子解手回來，剛要上馬時，卻發現了地上的大元寶，拾起來，撲了撲大元寶上面的土，將其揣到懷裡，上馬奔馳而去。

土地看著看著，心裡的那股怨氣消失了，一臉愧疚。財神見狀，大笑：「土地，明白了吧，天意如此啊！」

這就是古代民間人對財富的認識：命裡有時終須有，命裡無時莫強求。

土地爺‧通海紙馬

土地廟

土地廟又稱福德廟、伯公廟，為民間供奉「土地神」的廟宇。其實很多所謂的「土地廟」並非我們印象中的廟，而只是幾塊磚石隨意搭起的小屋，多由農民自發組織建設，屬於微型建築，很多僅如狗屋大小，通常高度從不到兩公尺，有的也有正常房屋高度，面積小則幾平方公尺，大則十幾平方公尺。

這是因為，土地廟神格不高，且為基層信仰，故多半造型簡單，最簡陋的是在樹下或路旁，以兩塊石頭為壁，一塊為頂，即可成為土地廟，俗稱磊型土地廟。

凡有漢族人群居住的地方就有供奉土地神的土地廟。這些民間自發建立的小型建築，屬於分布最廣的祭祀的建築，鄉村各地均有分布，有的建在村頭，有的建在院落，有的建在屋下，有的建在田野，甚至有的建在荒涼的墓地附近。

因這種簡單的小廟需求量大，甚至有工廠開模以水泥灌製生產大量

土地廟，可以隨意擺放。

可見，供奉土地神的土地廟大多比較簡陋。但有些地方土地廟因香火鼎盛，也有逐漸中大型化者。還有一些大廟中間，也有在殿堂中設有當地土地神位者。

土地廟中除了供奉土地神，還常配祀有土地婆婆，其俗約起於南宋。

土地廟盛行是由明代開始的，明代土地廟突然增多，與皇帝朱元璋有關係。

《琅琊漫抄》記載說，朱元璋「生於盱眙縣靈跡鄉土地廟」。因而小小的土地廟，在明代備受崇敬。

《金陵瑣事》卷三稱，建文二年（1400 年）正月，奉旨修造南京鐵塔時，在塔內特地辟出一個「土地堂」，以供奉土地爺。

《水東日記》卷六稱，當時不僅各地村落街巷處有土地廟，甚至「倉庫草場中皆有土地祠」。

土地廟在大陸曾由於「文革」作為「四舊」而被搗毀大部分，但隨著改革開放，認可信仰自由以後，土地廟自1980年前後開始恢復和發展。

當時似乎大量恢復建設「土地廟」有些「矯枉過正」，從二十世紀八〇年代到九〇年代，媒體一直密切關注。在當時農村小學基礎教育設施落後的情況下，有人呼籲鄉民應多關注鄉村基礎教育，集中精力投資建學校，不要熱衷於「迷信」，仍舊無濟於事。

二十世紀八〇年代，部分農村地區甚至出現一股建設土地廟的浪潮，在當地小學教學設施仍舊沒有改善的情況下，使得部分地區官方進行強行拆除，這股熱潮才有所遏制。至 2000 年以後，幾乎每鄉至少有一處或多處土地廟。

為何即使是貧困地區，土地廟也如此「繁榮」，這是因為民俗的力量。按照漢族的習俗，每個人出生都有「廟王土地」─即所屬的土地廟，類似於每個人的籍貫，人去世之後行超度儀式即做道場時都會獲取其所屬土地廟。

台灣也有相當普遍的土地廟，據當地官方的調查，其數量超過

一千三百座以上，為台灣第一大地主。

　　或許因為台灣經濟發達的緣故，台灣土地神有財神的能力，商家會在舊曆的每月初二、十六日祭拜土地公，稱之為「做牙」。

　　今天，台灣各地仍有供奉土地公的習俗，甚至墓園都會設有后土碑或土地公神像，用以祭祀。此外，許多地區會有大型的土地公廟，如台北市的景福宮、新北市中和區的烘爐地土地公廟。

　　香港不少小商店門前也有一個迷你的神位安奉土地公，很多家庭門外亦同樣安有神位，並每天定時上香祭祀。此外，鄉村地方一般有一小型土地廟以保佑整個村子。

　　位於香港市區的較大型土地廟有：大坑東福德廟，筲箕灣福德廟，尖沙咀海防道福德古廟，紅磡福德古廟，牛頭角伯公古廟。

社祭的歷史淵源

　　古代祭土地是上至王公貴族，下至小民百姓一年中的大事。早在殷商時期，就有祭祀土地神的風俗，祭祀土地神即祭祀大地，因而土地神更多地帶有自然屬性。

　　祭祀社神叫「社祭」，早在《詩經・小雅・北山之什・甫田》載：「以我齊明，與我犧羊，以社以方。」

　　祭社在古代很普遍，古人認為凡有人煙的地方必祭土地，即是為神地。

　　古代典籍中有大量關於祭社的描寫。《禮記・郊特牲》中寫道：「社祭土……社所以神地之道也。地載萬物，天垂象。取財於地，取法於天，是以尊天而親地也，故教民美報焉。」

土地堂・平陽年畫

　　《禮記・王制》說：「天子社稷皆大牢，諸侯社稷皆少牢。」即是天子祭土神時，用牛、羊、豬三牲，是為大牢。諸侯祭土神，用羊、豬

財神，這樣拜就對了

二牲來祭，是為少牢。

祭社有「春社」和「秋社」之分，即春秋二季祭祀土地神，這已成為祭社的習俗。立春後第五日為春社日，立秋後第五日為秋社日，各地民眾都要舉辦拜土地神活動，但形式規範不一，有「社會」、「廟會」、「社戲」之形式，還有唱戲、宴飲、賽神等項目。

先秦時期社神地位極高，故「社稷」一詞通常作為國家的代稱，祭祀典禮也由天子或各地行政長官主持。

漢唐以後，社神的地位有所下降，祭祀也不限一地，其原因是因為「土地廣博，不可徧敬，以為社而祀之，報功也。」所以各地山陵園地，均有大社壇，這些社壇以後又演變為各種土地廟，社神也由顯赫的大神演變為明清小說中所描寫的猥瑣的土地老兒。

土地正神・南通紙馬

土地神誕風俗

土地神常祭，但中和節祭土地神最為隆重。土地神的神誕之日是二月初二。舊時，官府和百姓都到土地廟燒香奉祀。至今，初一、十五到土地廟燒香的習俗依然存在。

土地神的生辰各地不一，除了二月初二，還定在正月初十、十九日，三月初十，四月初十，五月初十，六月初一，七月初七等，但以二月二為居多。由

關於祭拜土地神的時間，各地有各地的俗規。有的地方是每個月的初二、十六都要祭拜土地神，稱為「做牙」或「做迓」。

做迓又稱「牙祭」、「作禡」，「做牙」意即吃犒勞。做迓時，商家都祭拜土地公。其中農曆二月初二叫做「頭迓」，因為二月初二是最初的「做迓」，所以稱為「頭迓」。有的地方這一天要為土地神舉行盛

大祭典，這天晚上，店主照例要用祭拜土地公的牲醴，招待夥計、房東、親友和老主顧，這就叫「造福」。

十二月十六日叫做「尾迓」，為何稱為「尾迓」呢？因為十二月十六日是一年最後的「做迓」，所以稱為「尾迓」。

尾迓時，老闆或僱主為了答謝員工一年的辛苦，要請吃尾迓宴。

也有的地方祭祀土地神時間較為特殊，認為六月二十六日是土地神聖誕之日，民間稱「土地爺生」。從該節日的祭祀對象和祭祀方式來看，古代社日在一些地區有所變異。

民間傳說，土地神得道升天日為農曆八月十五。這一天也要祭祀土地神。據《諸羅縣志》記載：「中秋祀當境土神，與二月二日同；仿『秋報』也。四境歌吹相聞，謂之社戲。」

所謂春祈秋報，即農曆二月初二和八月十五的祭祀土地神活動。

土地神誕辰的農曆二月初二日這一天如何祭祀土地神呢？各地有各地的風俗，但家家戶戶都要宰雞殺鴨、虔誠祭拜，土地廟多要演戲，以祝「福德正神」千秋，這叫春祭。

農曆八月十五日相傳是土地公升天之日。還要祭拜一次，這叫「秋祭」，以感謝土地公一年來的福佑，古時所謂「春祈秋報」就是指此而言。

民間認為土地神乃墓園之守護，故掃墓前需先祭拜土地神，答謝其看守墳墓之辛勞。

現在的祭祀土地神儀式，與舊時社祭習俗相比，已經有所變化。

山神土地．保山紙馬

潮汕人對土地神的崇拜

潮汕人對土地神非常信仰，當地民間祀奉的神明不下百種，唯以土地神最為普及，遍及城鄉各個角落，設置土地神位或廟宇，有永久性和

臨時性兩種。

永久性的為居民住宅、商店、工廠、車間、作坊等。「地主神位」往往設置在廳堂或廚房裡地下的適當地方，每月農曆初一、十五（也有的是初二、十六）兩天定期舉行拜祭，俗稱「牙祭」。潮汕街頭巷尾與各鄉村大多有廟宇祀土地神，稱為「福德祠」。廟裡立有土地公和土地婆神像，供人朝拜。潮汕人安葬死者建造墳墓時，也要在每座墳墓同向左側置「土地之神」或「福神」，勒石豎牌，像配置一座

土地公公·玉溪紙馬

小墳一樣。這種土地神乃起始於古代的田社、社稷神，只在每年清明或冬至上墳掃墓時拜祭一次。

臨時性的為營造新居、工場等建築物以及修繕房屋動土時設置的，用五副紙錠，五支沒點燃的香一併夾在一段竹竿之中，作為土地神位的標誌，進行拜祭，工程完成之日，還要備牲禮謝土地神，俗稱「謝土」。

潮汕人有一種稱為「報地頭」的習俗。若是家中有人去世，必須到土地廟報喪。由村中長者持白燈籠，帶領死者男性子孫穿孝服到地頭神廟報死。到廟，長者上香後取出年庚帖，對著神像報告說：「生從地頭來，死從地頭去，時辰唸給老爺知。」

海外潮汕人也十分崇拜土地神。泰國的潮汕人把「地主爺」完整地搬過去，並毫不掩飾地稱為「本土公」，充分反映了潮僑留戀故鄉本土、留戀家鄉的情結。

現在潮汕人祭拜土地的形式已經十分簡單，在田頭隨便插上香燭，便可祈請土地神享用。在各家各戶，都設有「地主神位」，每逢初一、十五（也有初二、十六的），以飯菜或瓜果祭拜，形式雖然簡單但卻勤且持之以恆。如有喬遷，「地主神位」也是首先遷入的對象，由此可見土地神在潮汕人心目中的地位之重要。

台灣對土地神的崇拜

台灣也流行土地神崇拜，而且最普遍崇拜的神祇就是土地神。無論是城鎮的街頭巷尾，或是在鄉村的田頭田尾，都可以看到數不勝數、大大小小、形狀不一的土地神廟。

在台灣民間，土地神多稱之為土地公、伯公、福德爺等，在城鎮及寺廟多用「福德正神」刻於木牌或石牌上。

在眾多神靈中，土地神位格最低，是一個小神，掌管一小塊地方，如一區、一里、一村、一鄰之雜事。

土地・玉溪紙馬

台灣民間對土地公祭拜的信念，也隨著時代背景的改變而漸漸轉移。現在，它不僅是農人祭拜的神，由於它還能使農人致富，因而漸漸轉化為「財神」，於是，礦業、漁業、商業及金融業者，也都祭祀土地公，祈望能發財賺錢。司掌土地的神，也就兼職財神爺，為各階層人士所普遍祭拜。

台灣的土地廟有極大的，氣派堂皇。也有極小的，有的甚至沒有屋住，只在一棵樹下，擺上香爐供奉，或在一塊石頭上，畫道符或貼

土主・玉溪紙馬

個「春」字即是代表土地神。也有的乾脆將土地公請進家裡祭拜，謂之「私祭」。

信仰土地神最強烈、最虔誠的是客家人集居地。在客家地區，稱土地廟為「伯公廟」或「伯公亭」。供奉土地公的方式，原則上是用一塊石頭或木牌當做香位，上書「福德正神香位」，有的則再供奉塑像。

古老的伯公府，保存著濃厚的中原客家特色，多數用石塊鑿砌而成，屋前有小石桌。小屋的正對面，圍牆邊另有一座小屋，稱為「天神爺」

（即天官）。

伯公廟右側不遠，再蓋一間更小的小屋，置有一個石製香爐，稱為「好兄弟」。

天官、土地廟、好兄弟三間小屋，正好代表中國古代的天、地、人「三才」思想，這一信仰崇拜習俗，源遠流長，意義深遠。

台灣也很注重土地神的祭日，照例要舉辦一些活動。

因為土地公掌管與人民生計息息相關的土地，而成為一方人家的保護神，為此，一般人都要不時地拜拜土地公：如家人生病、兒子參加高考、服兵役、親戚車禍等。

農民收成好，固然歡喜一場；收成不好，也得祭拜，以求來年。現代社會天天大興土木，也得祭祀一番。因此，土地公是台灣民間祭拜最勤的神祇。

閩南第一土地神

供奉「土地神」為航海保護神，是清代以來伍堡澳（現屬石獅市鴻山鎮伍堡村）的一種獨特風俗。

伍堡土地廟位於長任山麓，依山臨海，坐北朝南，相傳始建於明初。清代多次重修，香火逐漸興旺，被往來海商、船民視為伍堡澳航海保護神。現存建築面積一百三十平方公尺，單開間重檐易歇山頂，進深兩間，另有護厝，附葬「世合春」戲神墓。是閩台文化藝術交流的歷史見證。

土地・灘頭紙馬

該廟所奉「土地神」被稱為「閩南第一土地神」，與其他土地廟相比，伍堡土地廟不但建築規模完備，結構精巧，而且廟中土地神還配祀文、武判官，顯示一種威嚴的氣氛。

同安不祀土地神

　　有一個地方沒有祀土地神習俗，只有祭祀詹公習俗，這個獨特的地方叫同安。

　　相傳在古時候，同安地區人畜飲水、生產用水，全依賴一條從長泰縣楓洋一個山洞流出的小河。

　　不知從什麼時候起，楓洋山中來了一匹成精的白馬。一到這座山上，它便憑仗法術霸占水源，強迫飲用區百姓每年元宵節送一名女童，獨自到水源處供其食用，才讓泉水流向同安。否則便阻斷水源，使一方百姓就無法生存。當地百姓多次與之發生爭鬥，卻每次都以失敗告終。

土王·保山紙馬

　　因此，為了一方安寧，每年只好送一名女童到水源。每戶有女孩子的人家都擔驚受怕，十分憂愁，卻也無可奈何。為了整個村莊的生存，只好在每年春節過後，召集所有女孩子家屬，抽籤決定由誰家送女孩子餵白馬精。

　　這一年陳老漢家抽到了這籤。陳老漢老伴早逝，兒子媳婦生下一女兒後不久，在一次進山打柴時，不幸摔下山澗，雙雙撒手人寰。如今，陳老漢家中只有一個

年年清吉月月平安·彌渡紙馬

十一、二歲的小孫女，爺孫兩人相依為命。而今孫女死期就在眼前，陳老漢怎能不悲痛欲絕呢。

　　在悲慟中，日子一天天過去了，終於熬到了正月十四日這個白髮人送黑髮人的生死離別時刻了。

　　這一天傍晚，天空中還飄著綿綿細雨，陳老漢爺孫相對而泣，大門

外來了一個客人。只見這人身材魁梧，儀表堂堂，炯炯有神的雙眼中微微露出一絲疲憊。他一進門，打過招呼，便懇求在此借宿一夜。

老漢告訴客人自己無法滿足要求，懇求客人原諒。客人問這是為什麼，並表示自己不會給主人添麻煩。

老漢長嘆了一口氣，流著淚說：「客官，實在對不起，明天我就必須送孫女去水源了，按規矩今晚不能留宿生人啊，你就別為難我啦！」

山神土地·南澗紙馬

來客不解，老漢解釋後，客人說：「明天到水源處時，如果小河中沒有水，她就依例進去。如果河中有水，就趕緊跑回來，讓全村人趕快過去，好嗎？」

老漢見外面下著雨，就讓他留下了。第二天凌晨，老漢早早地就起來了，他想得請客人也一起吃早餐，到廳邊一看，不覺大吃一驚：客人不見了！廳邊沒有一點住過人的痕跡。

目送著孫女兒一步步地遠去，老漢號啕大哭，暈了過去。也不知過了多久，老

土地正神·潞西紙馬

漢在一陣哭叫聲中醒過來了。睜開昏花的雙眼，望著跪在身邊淚流滿面的孫女，老漢悲喜交加。孫女哭泣著：「爺爺，不是孫女怕死。我到那裡時，紅色的水流洶湧，像鮮血一樣，好怕人呀。」

大家莫名其妙，也跟著奔了過去……大家都被這眼前的景象驚呆了：水流汩汩中，泛著鮮紅的血色，奔流而去。

村中長老連忙叫人回村查點人數，結果是村裡每個人都在。

進水源洞口尋找的小夥子出來了，一隻手裡提著一隻靴子，另一隻

手上拿著一柄令旗，上有「詹敦仁」三個杏黃色篆字。

　　提靴的小夥子揮著雙手，說，自己親眼所見，白馬已被殺死了，身上還留著幾個窟窿，正汩汩地冒出鮮血，這水就是白馬流出的血染紅的。

　　這時，長老開口了：「從這靴子與令旗上不難看出，這是勸歸陳洪進的詹大人顯靈，為我們除害來了。」

　　原來，昨晚到老漢家求宿的正是詹敦仁，他謝世後由於牽掛黎民，精魂不肯散去，昨晚一聽說白馬成精禍害地方，就決心為黎民除害，誅殺白馬精。天還沒亮，便悄悄前往了。這靴子和令旗，是他在與白馬搏鬥時，因體力不支而落下的。由於勞累過度，本來臉龐白皙的他，也成了黑臉了。如今，他的所有塑像，臉色也都是黑的。

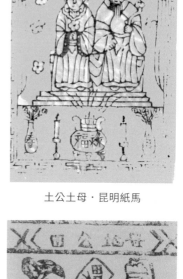

土公土母・昆明紙馬

　　長老感慨萬千：「我們年年祭祀土地爺，可是土地爺保佑不了我們。如今，是詹公，是詹公救了我們全村。」

　　老漢含淚站起，喊道：「今後我家要祭祀詹公，不祭祀土地爺了！是詹公救了我孫女兒，是詹公救了我一家。」

　　於是，同安地區就再也不祭祀土地神而改祀詹公了，各個村子裡的土地廟，也都改建成詹公宮了。此後，當地黎民百姓，凡遇有各種大小災禍、疫情疾病，只要到詹公宮裡稍作禱告，屢試不爽，十分靈應。

田公地母・玉溪紙馬

土地神的形象

　　古時的社神，只是封土而祭，即在每一塊地方堆起一個土堆，以示土神之所在，後來逐漸神人化，不管是哪一級別的土地神，其形態都是

大同小異。

土地神心腸善良，溫厚篤實，樂於助人，根據這形象雕刻出來土地公神像，是一位衣著樸實，平易近人，鬚髮雪白，長耳短鼻，慈祥可親的尊者，他白鬚白髮，笑容可掬，福態吉祥。

從外表上看，他似乎是古時地方員外的打扮，通常頭戴平頂圓帽，帽簷兩條布鬚下垂抵肩，穿著是普通便服，面龐圓而豐盈。他闊袍大袖，左手托元寶，右手執杖，端坐在椅上，兩眼微眯，露出慈祥的笑容。

土地神的造像有多種，上述形象是通常形象，具體細節因時因地不同，

土地正神・南通年畫

而有所差異。比如服飾和裝扮有時會有所不同，如現代市區的土地神像多為富人樣貌，甚至手持玉如意、金元寶、銀錠，田野地區的土地神像一般多持枴杖，山區的土地神像，則有騎馬、騎虎甚至騎龍、麒麟的。有些地區會將土地神像以文官樣貌呈現，以崇高其神格。

土地神手持金元寶和銀錠，是因為土地神也兼具財神爺的職責，福德財神通常是右手拿金元寶或銀錠，左手拿枴杖或如意。

民間有「土地神轄山中虎」的傳說，土地神坐騎也常被認為是虎，傳說中虎神能守護廟宇，故許多廟宇會在土地神的供桌下供奉一座虎的雕像，謂之「虎爺」、「虎將軍」。

還有一種傳說，說土地神像邊塑著一隻老虎相伴，是因為這老虎能為民除害。

在一些土地神紙馬下面，往往還有一隻狗，這是因為，民間傳說狗是土地神的家畜，歸土地神掌管。當狗攻擊人時，只要你彎腰或蹲下，用手觸摸地面，再兇猛的狗也就會停止下來。

因為土地神就在地下，人一觸摸地面，土地神就會得到報告，就會

下令制止狗對人的攻擊。

　　同時，也就有了誰得罪了土地神，土地神就會指示狗去咬誰的說法。

　　其實，狗停止攻擊和土地神絲毫沒有關係，因為狗並不知道人間發明了一個子虛烏有的土地神，狗是因為以為人彎腰是在撿石頭打他，才停止攻擊的。

　　土地像的材料多樣，紙馬土地像最為多見，此外還有木版年畫土地像，有剪紙土地像，還有用瓷器、泥磚、銅製等的材料製作的土地像，也有用木牌或石牌的，上面刻上「福德正神」、「福德財神神位」、「土地財神神位」、「門口土地財神」等字樣。也有什麼都不雕刻的，如海南黎族多以石塊作為土地神，後來才人格化，有了形象。

土地正神・南通年畫

跋

　　民間年畫中的神像，凝聚著中國的文化史、思想史、宗教史、美術史，以及民俗史等諸多領域的知識景象，隨便拿起一張神像年畫，我們都可以從中看到文化和民俗，看到無數的傳說和故事，看到無限遼闊的精神境域。

　　這本書是筆者多年收藏和研究的結果，十多年來，筆者的收藏和研究興趣轉向年畫、剪紙等民間美術，特別是神像年畫。每收藏一幅民間神像年畫，都要探究其意味和來龍去脈。通過大量查閱資料，向民間藝人請教，最後發現，這些神像年畫涉及的知識面相當廣闊，其中很多因時代久遠，已經消逝或正在消逝，其來龍去脈和寓意已無跡可尋，面對它們，往往有面對斷崖絕壁之嘆。

　　就像尋幽探奇的探險者，越是未知，越有探究的興趣和動力，入之越深，其路越險，其景越幽，一忽兒山重水複疑無路，一忽兒柳暗花明又一村，樂在其中。

　　知識的獲得按古人言不外是讀書和走路，讀萬卷書，可以瞭解神像知識的宏觀脈絡；行萬里路，則是從民間獲得神像民俗的原始知識。這是細節微觀的知識，是源頭的知識，是來自大地和泥土的知識，因而它是最真實、最可靠，也是最權威的知識。

　　因為書本上的知識，不過是民間沃土上開放的花朵，失去了生長的土壤，書齋中構造所謂的書本知識不過是空中樓閣，因此專家學者的論述都離不開源頭。

　　走進民間，就是走向田野，神像年畫和民俗文化就是一門生長在田野上的學問。筆者慶幸因為收藏將自己無意中帶到了遼闊無垠的綠色田野上。十多年來，筆者為收藏瀕危的或正在消逝的民間木版年畫，利

用休假數十次行走在中國大地和東南亞華人居住區，以及偏僻鄉村和田野阡陌，尋訪民間年畫藝人，在深山古寺和寂寥老巷，尋找神像年畫故事。筆者發現，神像年畫尚存的地方，都是民俗文化最濃厚的地方，越是偏僻，民風民俗越是保存得完整。

每找到一幅神像年畫，筆者都喜歡刨根究底追問其畫面深處的寓意內涵，喜歡聽民間藝人講述神像年畫的故事，喜歡瞭解神像年畫背後的民俗、宗教和文化內涵。

似乎每收藏到一幅神像年畫，都意味著收藏了一個傳奇故事，可以肯定地說，每收藏到一幅神像年畫，都收藏了一種神像的民俗知識。因為筆者發現，神像年畫就是民俗的結晶，而民俗又是神像年畫的起點和終點。民俗給予了神像年畫題材源泉，神像年畫又昇華了民俗的蘊涵，讓民俗變得形象化。

本書全部圖片皆採用筆者本人收藏的民間年畫和民俗美術藏品原作，用傳承千年的中國傳統年畫圖案說話，更加貼近民俗的本真，也更加貼近歷史的真實，因為古代沒有照相機，民間年畫和民俗圖案將古人生活和觀念複製下來，流傳下來，是唯一可以真實考證古人生活的形象憑證。

文字可以謬傳，傳說可以虛構，唯有栩栩如生的民間年畫和民俗圖案不會欺騙我們。從這個角度而言，一張民間年畫的真實信息量，可以超過一篇論文的信息量；一張古代年畫的價值，甚至可以超過一本書的價值。

很多神像民俗消逝了，但年畫讓民俗得以留存。這就是民間年畫在

民俗學中的獨特價值。隨著現代化進程的加速，科技的飛速發展，城市化和商品社會的不斷演進，將有更多的神像民俗「逝者如斯夫」。

不僅大量神像民俗和神像知識將消逝，就是神像載體之一的那些殘存民間木版年畫，也將逐漸減少，甚至消失。

所以，盡快將這些年畫藏品整理成書，並在書中全部使用筆者本人的藏品原作，就成為越來越緊迫的事情。這本書，是筆者繼《尋找逝去的年畫》叢書、《中國瀕危年畫尋蹤》叢書、《品年畫讀 經典》叢書、《中國民俗文化》叢書和《中國民俗文化探幽》叢書等之後，又一部搶救性的書籍。不僅是對民間年畫的搶救，也是對神像民俗和傳統文化的搶救。

神像文化知識，尤其是其歷史知識、民俗知識和傳說故事等，或是既有歷史事實，或是約定俗成，或是在民間流傳千百年，不可虛擬也不可更改。因此筆者參考借鑑了大量資料，其中引用部分網絡資料，都是為研究和說明問題而適當引用和合理引用，未能一一註明準確來源，如涉及原作者著作權，請及時和本人聯繫，筆者將以民間木版年畫或紙馬原作藏品酬謝，作為資料互換和資源共享而共同拓展和深化神像文化研究。

沈泓

財神，這樣拜就對了

作　　者	師永濤
發 行 人	林敬彬
主　　編	楊安瑜
編　　輯	林佳伶
內頁編排	方皓承
封面設計	林子揚
行銷企劃	戴詠蕙
編輯協力	陳于雯、高家宏

出　　版　大旗出版社
發　　行　大都會文化事業有限公司
　　　　　11051 台北市信義區基隆路一段 432 號 4 樓之 9
　　　　　讀者服務專線：（02）27235216
　　　　　讀者服務傳真：（02）27235220
　　　　　電子郵件信箱：metro@ms21.hinet.net
　　　　　網　　　址：www.metrobook.com.tw

郵政劃撥　14050529　大都會文化事業有限公司
出版日期　2024 年 02 月初版一刷
定　　價　480 元
I S B N　978-626-7284-45-2
書　　號　B240201

國家圖書館出版品預行編目（CIP）資料

財神,這樣拜就對了 / 沈泓著 . -- 初版 . -- 臺北市：
大旗出版社出版：大都會文化事業有限公司發行, 2024.02
304 面；17×23 公分 . -- (B240201)
ISBN 978-626-7284-45-2(平裝)

1. 財神 2. 民間信仰

272.29　　　　　　　　　　　　　　　　　112021685